Luiz Carlos Mariano da Rosa

Abraão e a fé como princípio do *novo ser* e do *novo modo de existência* entre a *relação absoluta com o Absoluto* e a encarnação do Absoluto no *Deus-Homem* Jesus Cristo

Politikón Zôon Publicações

Politikón Zôon Publicações
1ª edição
Julho de 2019

Capa: Vick Rô [Capa/contracapa: Canva]

Copyright © by Luiz Carlos Mariano da Rosa
Sem autorização expressa do autor e do editor não é permitida a reprodução desta obra, no todo ou em parte e por nenhum meio, excetuando—se a transcrição de pequenos excertos para fins de divulgação e crítica.

**Dados Internacionais de Catalogação na Publicação (CIP)
Politikón Zôon Publicações**

Rosa, Luiz Carlos Mariano da, 1966—
R7881a Abraão e a fé como princípio do novo ser e do novo modo de existência entre a relação absoluta com o absoluto e a encarnação do absoluto no deus-homem Jesus Cristo. — São Paulo: Politikón Zôon Publicações, 2019.

Inclui bibliografia
ISBN 978-85-68078-10-5

1. Filosofia e Teoria da Religião. 2. Cristianismo e Teologia Cristã. 3. Kierkegaard, Sören, 1813—1855— Crítica e interpretação. I. Título.

CDD — 210
230

21

Índice para catálogo sistemático:
1. Filosofia e Teoria da Religião 210
2. Cristianismo e Teologia Cristã 230

Politikón Zôon Publicações
Caixa Postal 436, Centro, São Paulo, CEP: 01031—970, Brasil

Luiz Carlos Mariano da Rosa

Abraão e a fé como princípio do *novo ser* e do *novo modo de existência* entre a *relação absoluta com o Absoluto* e a encarnação do Absoluto no *Deus-Homem* Jesus Cristo

Politikón Zôon Publicações
2019

Ao *Deus-Homem Jesus Cristo*.

À minha família:

Val (*in memoriam*),

Nísia e Victoria.

Ao meu pai José Mariano da Rosa (*in memoriam*)

E à minha mãe, Maria de Lurdes.

A fé não é algo como a aceitação de um
dogma, à qual seguiria então o acesso a
conhecimentos esotéricos ou uma
contemplação mística. Antes a fé é tudo.
Não se pode separar o conhecer do crer e
alçar-se acima dele; mas a fé também é um
conhecer. Assim como todo conhecer pode
ser somente um conhecer na fé, assim no
conhecer a fé vem como que a si mesma. O
conhecer é um momento estrutural da fé.

[Rudolf Bultmann]

SUMÁRIO

Prefácio [13]

Capítulo 1 - A fé como "salto qualitativo" em Kierkegaard e o desespero da busca do absoluto na imanência entre o Poeta, o Herói Trágico e o Cavaleiro da Fé [17]

I Parte - Da fruição do prazer através de uma relação baseada na pura imediatez e a sedução como esforço de conquista de si mesmo no modo existencial estético [25]

II Parte - Da virtude moral do Herói Trágico em sua relação com o ético à *suspensão teleológica do ético* na *relação absoluta com o Absoluto* do Cavaleiro da Fé: da resignação entre o ético e o religioso [43]

III Parte - Da fé como "salto qualitativo" entre o ético e o religioso e a superação de si como condição essencial para a instauração da espiritualidade individual e da autenticidade existencial [61]

Capítulo 2 - Agamêmnon e Abraão segundo a perspectiva ético-religiosa [77]

I Parte - Do Herói Trágico e o *dever ético* no sacrifício ao *geral* ao Cavaleiro da Fé e o *dever absoluto* na *relação absoluta com o Absoluto* [83]

II Parte - Abraão e a *relação absoluta com o Absoluto*: a fé em virtude do absurdo e a *suspensão teleológica do ético* [93]

Capítulo 3 - Abraão e a verdade existencial segundo a perspectiva teológico-filosófica [103]

I Parte - A fé como *relação absoluta com o Absoluto* e a espiritualidade individual como base da existência autêntica [107]

II Parte - A verdade e a apropriação existencial e relacional na paixão infinita da interioridade [121]

Capítulo 4 - Abraão e o significado soteriológico da fé segundo a perspectiva bíblico-teológica [131]

I Parte - A fé como encarnação do Absoluto no *Deus-Homem* Jesus Cristo [135]

II Parte - Da fé como superação do determinismo natural e do terror incessante do mundo histórico-cultural através do exercício de uma liberdade absoluta [153]

Aspectos Conclusivos (Abraão e a fé como princípio do *novo ser* e do *novo modo de existência* entre a *relação absoluta com o Absoluto* e a encarnação do absoluto no *Deus-Homem* Jesus Cristo) [171]

Referências bibliográficas [195]

Bibliografia do autor [205]

Websites & social links do autor [233]

Abraão e a fé como princípio do *novo ser* e do *novo modo de existência*
Luiz Carlos Mariano da Rosa

PREFÁCIO

Caracterizando a existência como um processo de escolha e decisão que converge para a constituição do sujeito como tal, Kierkegaard atribui à existência a condição de um projeto em uma construção que encerra diferentes possibilidades existenciais fundamentais, como os estádios estético, ético e religioso. Dessa forma, a pesquisa assinala que, constituindo-se uma dimensão em cujo estádio a procura do sentido ou a busca do absoluto circunscreve-se à imanência, o modo existencial estético caracteriza-se como a fruição da subjetividade consigo própria através do instante do prazer sensual em um movimento que implica a sedução como esforço de conquista de si que, contudo, escapa ao seu poder em uma relação que converge para o desespero, haja vista que a renovação de forma indefinida da condição originária do amor esgota-se na generalização. E se o estágio ético encerra a integração na comunidade social através da institucionalização da repetição como um modo de vida baseado na objetividade e na racionalidade, a conformação do sujeito ao *modus vivendi* e ao *modus essendi* do *geral* implica a harmonização da sua subjetividade com a generalidade do bem e do mal por meio de um processo que se torna incapaz de resolver a questão da sua desordem existencial. Assim sendo, o texto mostra que, se a virtude moral que o ético impõe converge para a impossibilidade de superação do desespero que caracteriza a busca do absoluto na imanência, a atitude religiosa, abdicando da realidade em sua totalidade finita em função da *relação absoluta com o Absoluto*, demanda a *suspensão teleológica do ético* e tende a instaurar a autenticidade existencial através de um movimento que mantém correspondência com a fé como o "salto" que implica a consciência de si em sua singularidade e a *espiritualidade individual*.

Nesta perspectiva, investigando o *dever ético*

do Herói Trágico e a sua virtude moral em um processo que envolve o sacrifício ao *geral* e sobrepõe o *universal* ao singular, o trabalho, baseado na perspectiva teológico-filosófica de Kierkegaard, estabelece a distinção entre Agamêmnon e Abraão, o Cavaleiro da Fé e a sua *relação absoluta com o Absoluto* através de um ato que o mantém para além do *geral* e da sua mediação e implica a *suspensão temporária do ético* em um movimento de resignação infinita em face do *dever absoluto* que converge para o paradoxo absoluto da fé e encerra a espiritualidade individual como base da existência autêntica. Dessa forma, baseado em uma pesquisa bibliográfica que, segundo a perspectiva ético-religiosa, encerra as contribuições de Almeida; Valls (2007), Gouvêa (2009), Hegel (1997), Jaspers (1958) e Kierkegaard (1979; 2013), e que, de acordo com a visão teológico-filosófica, tem como referência os trabalhos de Buswell Jr. (2005), Jaspers (1958), Kierkegaard (2013), Le Blanc (2003) e Mariano Da

Rosa (2018), e que traz, conforme a concepção bíblico-teológica, as investigações de Calvino (2006), Bultmann (2008), Eliade (1992), Gilles (1971), House (2005), Kierkegaard (2009), Mariano Da Rosa (2018), Mcgrath (2005), Tillich (1982) e Williams (2011), o texto se detém na superação do desafio do desespero da relação envolvendo o princípio moral e a ordem de Deus em uma experiência existencial que engendra a espiritualidade individual e a *consciência da singularidade*, assinalando o processo que torna Abraão pai espiritual de todo aquele que crê e que, fundamentado na leitura bíblico-teológica católico-protestante, demanda a manifestação do *Deus-Homem* Jesus Cristo como a encarnação do *Lógos* em um movimento que pressupõe um *novo ser* e um *novo modo de existência* e atribui à fé a condição de que "tudo é possível", seja para Deus, seja para o homem.

Abraão e a fé como princípio do *novo ser* e do *novo modo de existência*
Luiz Carlos Mariano da Rosa

CAPÍTULO 1[1]

A FÉ COMO "SALTO QUALITATIVO"

---

[1] O referido capítulo é constituído por trechos que integram o conteúdo publicado em forma de artigo, sob o título *Sedução, virtude moral e fé como "salto qualitativo" em Kierkegaard: o existente singular entre a possibilidade, a realidade e o absoluto*, em **Occursus - Revista de Filosofia / UECE – Universidade Estadual do Ceará [Fortaleza, CE]**, ISSN: 2526-3676, v. 4, n. 1, p. 36-64, jan./jun. 2019, Fortaleza - CE, Brasil, e sob o título *A fé como "salto qualitativo" e as três possibilidades existenciais fundamentais em Kierkegaard: o esforço de conquista de si mesmo, a harmonização com a generalidade do bem e do mal e a espiritualidade individual e a autenticidade existencial*, pela **Revista Ítaca 34 / UFRJ - Universidade Federal do Rio de Janeiro [Rio de Janeiro, RJ]**, ISSN: 1679-6799, n. 34, p. 90-123, jan./dez. 2019, Rio de Janeiro-RJ, Brasil, e sob o título *A fé como "salto qualitativo" em Kierkegaard e o desespero da busca do Absoluto na imanência entre o poeta, o herói trágico e o cavaleiro da fé*, em **Cadernos Zygmunt Bauman / UFMA – Universidade Federal do Maranhão [São Luís, MA]**, ISSN: 2236-4099, v. 9, n. 21, p. 304-331, set./dez. 2019, e sob o título *A fé como "salto qualitativo" e as três possibilidades existenciais fundamentais em Kierkegaard: o esforço de conquista de si mesmo, a harmonização com a generalidade do bem e do mal e a espiritualidade individual e a autenticidade existencial*, em **Guairacá - Revista de Filosofia / UNICENTRO - Universidade Estadual do Centro-Oeste [Guarapuava, PR]**, ISSN: 2179-9180, Brasil, v. 36, n. 1, p. 192-218, jun. 2020.

EM KIERKEGAARD E O DESESPERO DA BUSCA DO ABSOLUTO NA IMANÊNCIA ENTRE O POETA, O HERÓI TRÁGICO E O CAVALEIRO DA FÉ

Consistindo em estádios no caminho da vida, os modos existenciais em Kierkegaard envolvem diferentes possibilidades existenciais fundamentais diante do desespero que emerge em face da condição trágica da existência em uma construção que encerra figuras características que correspondem às atitudes concernentes ao estético, ao ético e ao religioso, a saber, o poeta, o herói trágico e o Cavaleiro da Fé, cada um dos quais carregando, respectivamente, um aspecto determinante, o primeiro estado, o hedonismo, o segundo, a luta e a vitória, e o terceiro, o sofrimento (além da correlação que implica a luta e a vitória, que advém no pós-sofrimento), constituindo-se a ironia o limite envolvendo o estético e o ético, assim como o humor perfaz a fronteira entre o ético e o religioso.

Abraão e a fé como princípio do *novo ser* e do *novo modo de existência*
Luiz Carlos Mariano da Rosa

Sobrepondo-se à síntese entre corpo e alma, o homem, na atitude estética, não opta por si próprio em um movimento que implica o abandono à imediatidade e converge para conferir ao tempo a condição de uma totalidade que, sob a acepção de eternidade, se limita a guardar correspondência com os sentidos, na medida em que o existente singular no modo existencial estético vivencia o instante [2] como um todo intensivo através de um processo de exteriorização que se esgota nas fronteiras do sensível em uma construção que resulta na abstração do eterno e emerge como um estádio "contemplativo".

---

[2] Nesta perspectiva, cabe esclarecer que Kierkegaard estabelece a distinção entre o instante no plano da imanência em um processo que envolve a sua relação com o tempo, expressão da finitude, e o instante sob a égide da encarnação (cristianismo), que implica a "plenitude do tempo" e perfaz uma intersecção viva entre o tempo e a Eternidade. "Conçu comme une collection de kairos précieux, d'instants rompant avec la quotidienneté banale, le temps se limite à une succession d'épisodes intéressants sans acquérir la consistance d'une temporalité éthique et spirituelle" (Politis, 2002, p. 31).

Nesta perspectiva, o Capítulo 1 assinala que, circunscrevendo-se ao momento enquanto totalidade que se impõe através da condição de eternidade, o estádio estético encerra uma conduta existencial que implica uma fruição de si próprio através do gozo da subjetividade consigo mesma no instante do prazer sensual em um movimento que converge para a imediatez e sobrepõe a possibilidade ao *tornar real*, na medida em que a sua pretensão envolve não o fim do processo, que pressupõe o seu domínio absoluto e a desconstrução do ideal, mas a capacidade de mantê-la como tal e a habilidade de fazê-la perdurar.

Se a mudança envolvendo os modos de existência corresponde ao "salto qualitativo" é pela existência de um abismo que se interpõe entre os estádios em uma construção que não possibilita a sua transposição lógico-racional, convergindo para um processo que demanda a escolha e a decisão do existente singular, cujo efeito, longe de abolir o estádio precedente, encerra a sua sobreposição, subsumindo-o, sendo eliminada como forma absoluta e mantendo-se como forma relativa.

Sobrepondo-se à concepção que afirma a história universal como *locus* de manifestação do Absoluto em um processo que atribui primazia à Razão e aos seus objetivos em detrimento do existente singular e da sua interioridade, Kierkegaard defende a subjetividade como *locus* do conhecimento de si em um movimento que atrela a sua decisão a possibilidade de concretização do salto [3] entre os estágios de existência e a instauração da relação com o Absoluto.

Atribuindo à existência o primado em uma construção que implica, especificamente, tal

---

[3] "Contrapondo-se ao devir lógico-metafísico que emerge da perspectiva de Hegel e converge para uma transição que escapa à ruptura em um movimento que implica a mediação que encerra a possibilidade de conciliação da oposição, Kierkegaard defende o caráter essencial do *salto qualitativo* em um processo que envolve os *estádios no caminho da vida* e as suas mudanças, constituindo-se um fenômeno fundamental em relação à transposição das fronteiras do ético para o religioso concernente à existência individual." (Mariano Da Rosa, 2018b, p. 27, grifos do autor)

condição em relação à essência, Kierkegaard se sobrepõe a ambas as noções, existência e essência, na medida em que se a essência se dispõe ao pensamento e à definição, a existência não se submete ao pensamento nem tampouco é passível de definição, em um processo que atribui relevância ao existente singular e ao seu ser, que guarda raízes nas fronteiras da subjetividade em um movimento que estabelece correspondência entre existir, decisão e transcendência, haja vista que confere ao estado de existir o significado que envolve a resolução ou determinação no que concerne ao Absoluto.

Dessa forma, o trabalho assinala que se o gozo da subjetividade consigo própria no instante do prazer, característica do modo existencial estético, e a harmonização da subjetividade com a generalidade do bem e do mal, característica do modo existencial ético, não guardam possibilidade de promover a superação do *desespero fundamental*[4] que se impõe

---

[4] "O eu é a síntese consciente de infinito e de finito em relação

ao existente singular, na medida em que a procura do sentido ou a busca do absoluto em ambos os casos circunscreve-se às fronteiras da imanência, é o modo existencial religioso que converge para a autenticidade existencial em um processo que demanda a *suspensão teleológica do ético* como condição para a *relação absoluta com o Absoluto* através de um movimento instaurado pela fé que, sob a acepção de um "salto qualitativo", consiste, em última instância, em um desafio que representa uma conduta capaz de não fugir ao desespero, encontrando a salvação na situação-limite da

---

com ela própria, o que não se pode fazer senão contatando com Deus. Mas tornar-se si próprio, é tornar-se concreto, coisa irrealizável no finito ou no infinito, visto o concreto em questão ser uma síntese. A evolução consiste pois em afastar-se indefinidamente de si próprio, numa 'infinitização'. Pelo contrário, o eu que não se torna ele próprio permanece, saiba o ou não, desesperado. Contudo, o eu está em evolução a cada instante da sua existência (visto que o eu *Katà dýnamin* (em potência) não tem existência real), e não é senão o que será. Enquanto não consegue tornar-se ele próprio, o eu não é ele próprio; mas não ser ele próprio é o desespero." (Kierkegaard, 1979b, p. 208)

radicalização do paradoxo, não na mediação que encerra a reconciliação dos opostos.

Abraão e a fé como princípio do *novo ser* e do *novo modo de existência*
Luiz Carlos Mariano da Rosa

I PARTE

DA FRUIÇÃO DO PRAZER ATRAVÉS DE UMA RELAÇÃO BASEADA NA PURA IMEDIATEZ E A SEDUÇÃO COMO ESFORÇO DE CONQUISTA DE SI MESMO NO MODO EXISTENCIAL ESTÉTICO[5]

> Primeiro [Johannes] gozava pessoalmente a estética, após o que gozava esteticamente a sua personalidade. Gozava, pois, egoisticamente, ele próprio, o que a realidade lhe oferecia, bem como aquilo com que fecundava essa realidade; no segundo caso, a sua personalidade deixava de agir, e gozava a situação, e ela própria na situação. Tinha a constante necessidade, no primeiro caso, da realidade como ocasião, como elemento; no segundo caso a realidade ficava imersa na poesia.[6]

---

[5] Sensualidade, dúvida, desespero, eis o que se impõe ao modo de existência estético em uma construção tipológica que traz como representantes três personagens lendárias, a saber, Don Juan, Fausto e Ahasverus, o judeu errante, os quais, respectivamente, corporificam a referida condição, cabe esclarecer que a sensualidade traz em seu âmbito uma divisão que encerra três etapas, a saber, a primeira representada pelo Pajem de Fígaro, a segunda por Papageno, da Flauta Mágica e a terceira por Don Juan.

[6] Kierkegaard, 1979a, p. 5.

Abraão e a fé como princípio do *novo ser* e do *novo modo de existência*
Luiz Carlos Mariano da Rosa

Consistindo em um modo de existência que encerra a fruição da subjetividade consigo própria através do instante do prazer sensual em um processo que guarda correspondência com a tentativa de renovação indefinida da primeira vez do amor em um movimento que converge para as fronteiras que implicam a condenação à instauração da generalização, a atitude estética caracteriza-se pelo hedonismo romântico em uma construção que dialoga com uma escolha que configura o envolvimento do ser em sua totalidade na paixão e nas contradições que a perfazem como tal, constituindo-se uma dimensão em cujo estágio (ou estádio) a procura do sentido ou a busca do absoluto circunscreve-se à imanência.

Tendo como finalidade o prazer, a atitude estética, enquanto modo existencial, implica uma atualidade transitória instaurada pela realização das possibilidades imbricadas em um comportamento que, escapando ao horizonte da dor, pretende instituir fronteiras para o tédio em um processo que encerra a necessidade de uma incessante busca de experiências capazes de proporcionar a fruição do prazer através de uma relação baseada na pura imediatez que converge para uma condição que acarreta um estado de desespero que permanece irredutível ao âmbito envolvendo fatos contingentes e tende à vacuidade, à fatuidade, à vaidade de um movimento circunscrito às sensações e às possibilidades da sensibilidade[7].

Em relação à enfermidade mortal, ao desespero, Johannes é protagonista de uma existência carente de

---

[7] Na medida em que o estágio estético consiste no estágio que encerra "a relação do homem com sua sensibilidade, é o reino da espontaneidade, da dispersão, do descontínuo, é o não mediatizado, o ócio, o lugar de uma entrega não reflexiva à mera existência, é a esfera da arte, do amor, da sedução. Como bom pietista, Kierkegaard desaprova moralmente a atitude estética, que para ele é irresponsável, e impede o espírito de dar o 'salto' da fé, ingressando no estágio religioso. Ao mesmo tempo, não nos esqueçamos de que o próprio Kierkegaard foi um 'esteta', tanto no sentido convencional do interesse pelo teatro, pela literatura e pela música (o *Don Giovanni*, de Mozart, era para ele a maior obra de arte de todos os tempos) como no sentido mais idiossincrático de libertinagem." (Rouanet, 2013, p. 151, grifo do autor)

necessidade, em que as possibilidades não cessam de se proliferar, sem ganhar qualquer determinação. O sedutor vive o "desespero desafio", o "querer-ser-si-próprio", quando imagina poder dar a medida de sua própria existência, controlando a sua própria vida.[8]

Se manter o encanto, o fascínio e a atração configura a atitude estética em um movimento que se detém nas fronteiras da possibilidade e esgota-se em si, tornando o sujeito incapaz de amar não somente o objeto de desejo mas a si mesmo, o compromisso que evita na culminação do processo converge para a recusa do pressuposto do estágio ético e das suas implicações, que encerra a integração na comunidade social através da institucionalização da *repetição* [9] como realidade da vida em uma

---

[8] Protásio, 2015, p. 140.

[9] Contrapondo-se à supressão hegeliana (a saber, *Aufhebung*) em um movimento que encerra a conservação na superação, Kierkegaard mantém a ruptura envolvendo finitude e infinito, pensamento e ser, sob a égide que implica a repetição (*Gjentagelsen*) que, sobrepondo-se à síntese e ao caráter mediador de uma construção sistemática, encerra a fé paradoxal que converge para a preservação da contradição e da oposição nas fronteiras da própria transposição da referida fratura enquanto condição fundamental da existência, constituindo-se a tarefa ou o compromisso da liberdade: "Com

construção que envolve a opção pelo bem e carrega a pretensão de instaurar a harmonização da subjetividade com a generalidade do bem e do mal, conforme assinala Kierkegaard:

> E então esqueço tudo, não tenho projetos, não faço cálculo algum, lanço a razão pela borda fora, dilato e fortifico o meu coração com profundos suspiros, exercício que me é necessário para não ser constrangido pelo que, na minha conduta, existe de sistemático. Outros serão virtuosos durante o dia e pecadores à noite; eu sou pura dissimulação de dia, e à noite, apenas desejos. Ah! Se ela pudesse penetrar na minha alma — se![10]

Nesta perspectiva, se o que caracteriza a *realidade* é a sua condição de permanecer aquém da possibilidade, a atitude estética tende a se deter nas fronteiras da possibilidade, encerrando o seu desejo em uma subjetividade que em sua autonomia não

---

isso a categoria da repetição transcende sua significação no mundo natural; não é a lei segundo a qual se repetem os fenômenos, mas algo muito diferente da lei ou, se se quiser, é a lei da liberdade mesma; pois enquanto a repetição no natural – e ainda a reminiscência platônica no espiritual – se volta para o passado, a repetição kierkegaardiana se encaminha para o futuro." (Mora, 2004, p. 2516)

[10] Kierkegaard, 1979a, p. 85.

guarda capacidade de alcançar a verdade existencial em um movimento que converge para a melancolia[11], a qual, identificada na teoria de Kierkegaard como "acídia medieval" e "histeria do espírito", na medida em que "en la melancolía se representa la verdad, y el movimiento de la melancolía es el movimiento que trata de salvar el 'sentido' perdido"[12], consiste no inescapável destino de um modo existencial que encerra como caraterística a tendência de evitar a profundidade no exercício de si por intermédio da construção da vontade e do querer [13].

---

[11] Tendo a *realidade* como elemento que se impõe a sua manipulação, o existente singular no modo existencial estético determina o conteúdo que se torna passível da sua experiência de criação em um processo que traz a melancolia como eixo existencial, conforme expõe Victor Eremita/Kierkegaard através do Esteta A., que afirma que "mi pena es, sí, mi castillo, que cual nido de águilas tiene su sede allí en lo alto, en la cima de las montañas, entre las nubes; nadie puede expugnarlo. Desde él desciendo volando a la realidad y capturo mi presa, mas no permanezco allí, sino que traigo mi presa a casa y esta presa es una imagen que entretejo en los tapetes de mi castillo" (Kierkegaard, 2006, p. 65).

[12] Adorno, 2006, p. 80.

[13] Haja vista que, segundo Victor Eremita/Kierkegaard, a consciência que determina o existente singular no modo

Dessa forma, encerrando "la verdad cifrada y oculta, que la subjetividad autónoma no puede establecer, pero que la subjetividad melancólica puede leer; en este esquema, la melancolía acompaña a lo que la existencia destruyó"[14], a melancolia, como uma disposição existencial, impõe-se ao processo de destruição que guarda correspondência com o *tornar real* na sua corporificação na finitude e a sua plena efetivação no movimento instaurado pela concreticidade de sua vida como existente singular, o que implica a eternização do instante e a sua vivência absoluta, na medida em que "o sedutor vive o instante com toda intensidade possível. Consome-se na tarefa de fazer-se amar para abandonar em seguida"[15].

---

existencial estético é baseada na perspectiva do Esteta A., que expõe o seguinte princípio: "cásate te arrepentirás; no te cases, también te arrepentirás (...) ríete de las locuras del mundo, te arrepentirás; llora por ellas, también te arrepentirás" (Kierkegaard, 2006, p. 62).

[14] Adorno, 2006, p. 158.
[15] Grammont, 2003, p. 26.

Caracterizando-se pela sua ambiguidade em um processo que estabelece a intercessão envolvendo tempo e eternidade, o instante[16] converge para as fronteiras da *temporalidade*, que encerra uma relação que implica a interrupção da eternidade pelo tempo e a penetração da eternidade no tempo em um movimento que demanda do homem a escolha e a decisão, tendo em vista que o primado remete então para o *futuro* em uma construção que, resgatando e recuperando o passado, se lhe atribui como condição o eterno, tendo em vista que "o instante constitui o ponto de intersecção do tempo e da eternidade em que o homem pode desligar-se do mundo e de suas lógicas próprias – geralmente deterministas ou

---

[16] Tendo em vista que o instante "não é uma simples determinação do tempo, visto que a essência do tempo é passar. Ele é o lugar da tensão terrível entre o eterno e o temporal, lugar que é um vazio [*Néant*]. Ele é a expressão do paradoxo que consiste naquilo que o eterno nasce. Nada [*Rien*], portanto, de mais perturbador que o pensamento do instante; é a contradição mais terrível. O instante é o tempo tocado pela eternidade; melhor, ele é um átomo da eternidade." (Wahl, 1998, p. 59-60)

determinantes – para pôr a opção existencial por si mesmo, decidir-se por Deus na obediência libertadora da fé"[17].

> As personagens que se colocam no estádio estético derramam-se aos nossos olhos com a turbulência de um rio que corre sem cessar. Vivem no instante, na busca desenfreada de um gozo sem passado e sem futuro. Mesmo quando se aproximam da dor, surgem dionisíacas, ou semiocultas por uma atmosfera lunar.[18]

Dessa forma, sobrepondo-se à realização que a existência implica como um processo que encerra na efetivação ou na concretização a sua experiência existencial, ao sujeito no estádio estético escapa a verdade existencial em um movimento que, dessa forma, se circunscreve à dimensão do possível e converge para as fronteiras que encerra a incapacidade de realização da síntese envolvendo tempo e eternidade, finito e infinito em um movimento que, por essa razão, implica que "todo o que vive esteticamente é um desesperado, tenha ou

---

[17] Farago, 2006, p. 162.
[18] Grammont, 2003, p. 111.

não consciência disso, o desespero é o último termo da concepção estética da vida"[19].

Prisioneiro de si mesmo, ao sujeito no estádio estético escapa a consciência em relação a sua condição de incapacidade de manter-se à distância do próprio eu no processo que implica a reflexão de si, na medida em que a imersão no imediato converge para a busca de um prazer que jamais guarda suficiência na fruição da própria subjetividade que o exercício do desejo implica, na medida em que, conforme Johannes confessa, "tudo é imagem, sou o meu próprio mito. Pois não é como um mito que voo para este encontro? Mas que importa quem sou? Esqueci todas as coisas finitas e temporais, só o eterno me resta, o poder do amor, o seu desejo, a sua beatitude"[20]. Tal movimento atribui primazia a possibilidade em detrimento da concretização, da efetivação, da realização, tendo em

---

[19] Reichmann, 1978, p. 125.
[20] Kierkegaard, 1979a, p. 104.

vista a tendência que carrega de se deter no instante, tornando uma totalidade intensiva o momento em um processo que tende a sua eternização e converge para as fronteiras que encerram uma relação com o eterno que se circunscreve, dessa forma, ao caráter abstrato de uma experiência baseada na especulação que, sobrepondo-se à repetição enquanto conduta fundada na obrigação de viver como "ser em situação" em face do arcabouço de normas éticas interindividuais que perfaz a instância do *geral*, dissimula a intersecção entre tempo e eternidade, finito e infinito, o que impede a sua emergência como Indivíduo, cuja constituição acena com a opção pelo infinito e pelo eterno em uma construção que demanda a sua presentificação no finito[21].

---

[21] Nesta perspectiva, cabe salientar que Fausto se sobrepõe ao *geral* e à sua mediação em um processo que implica uma condição de superioridade que encerra um antagonismo envolvendo as suas determinações morais e as normas éticas interindividuais institucionalizadas no arcabouço em questão, convergindo para um movimento que, baseado na instauração da dúvida fundamental, impossibilita o indivíduo como tal de expressar-se no finito em um processo que tende a relegá-lo ao

A exploração das possibilidades existenciais em sua totalidade em um processo que se circunscreve às fronteiras de uma atualização de caráter temporário, transitório, eis o que se impõe ao estágio estético e ao seu *modus vivendi* que, baseado no hedonismo romântico, implica a fuga da dor e a proteção contra o tédio em um movimento que inevitavelmente desemboca no desespero, na medida em que "o tédio é a prisão do espírito. Quem é prisioneiro do tédio não tem presente a determinação do espírito e, nesse caso, não se concretiza a dialética da liberdade no seu processo de identificação da verdade com a liberdade na concretização da relação"[22].

---

estado "demoníaco": "Aparentemente, o demoníaco está associado ao estádio estético, mas como um estado de espírito, voluntário ou não, que torna o indivíduo capaz de dar o salto para o infinito, ainda que este salto possa ou não se realizar. O demoníaco é como que um estado anterior ao divino, sem que necessariamente o preceda. No demoníaco, o indivíduo está em posição de superioridade e/ou isolamento em relação a todos os outros." (Grammont, 1998, p. 115)

[22] Almeida; Valls, 2007, p. 39.

Constituindo-se um processo inacabado de sedução, o modo de vida estético converge para uma condição que por intermédio de Don Juan [23] personifica a inaptidão do existente singular de se impor como objeto em uma construção que envolve o *medo* de descobrir-se enquanto tal na concretização do movimento que implica não menos do que a conquista de si através de um "*tornar-se*" que escapa ao seu poder e cujo exercício se limita à decisão e à escolha através de uma relação que converge para o desespero, na medida em que é a angústia fundamental que motiva o sujeito, movendo-o e determinando-o, no sentido de buscar a si mesmo, por meio da fruição da subjetividade consigo própria

---

[23] Figura lendária cuja emergência guarda correspondência com o contexto histórico-cultural medieval em um processo que se lhe atribui condição de problematicidade na medida em que é instaurado o processo de emancipação feminina através da ascensão da burguesia e do movimento de expansão marítimo-comercial, tendo em vista que a redução do exercício do poder paterno e marital tende a transferir a responsabilidade acerca da administração da honra familiar para a mulher, convergindo para expô-la ao risco envolvendo a prática da sedução.

e em si mesma, sob a égide da autonomia da sua inapreensível interioridade e na sua finitude trágica, haja vista que "na angústia o homem se relaciona com sua própria possibilidade de relacionar-se. Nisto consiste a reflexão da angústia. Na angústia o homem pode descobrir-se a si mesmo como um *eu*"[24].

Nesta perspectiva, a sedução, na dimensão estética, emerge como o esforço de posse ou domínio de si mesmo em um movimento inelutável que dialoga com um ideal de si próprio que escapa às raízes da concreticidade e implica a suspensão do existente singular sobre o hiato do *possível*, conforme demonstra Don Juan[25], que consiste na

---

[24] Grøn, 1995, p. 18, grifo do autor.

[25] Nesta perspectiva, convém esclarecer que "ao contrastar as configurações barrocas e românticas deste lendário *latin lover*, Kierkegaard sintetiza as irredutíveis diferenças entre o 'Don Juan musical' de Mozart e o 'Don Juan reflexivo' de Molière. enquanto aquele primeiro se deleita com a satisfação imediata proporcionada pela manifestação de uma sensualidade absoluta, este último, em vez disso, goza pelo engano, pela astúcia, pelo jogo da sedução necessário à sua efetiva

síntese do erótico-sensual[26] no modo de existência estético, convergindo para um processo que se contrapõe às fronteiras que encerram a moral[27] e o

consumação concreta." (Bretas, 2015, p. 388)

[26] Cabe sublinhar que tal erotismo guarda correspondência com a dimensão musical, o que implica uma essência musical-desejante em construção que se caracteriza, dessa forma, como erótico-musical, conforme teoria delineada na reflexão de Walter Benjamin: "No Don Juan, o felizardo do amor, o segredo é como ele, com a rapidez do relâmpago, conduz, em todas as suas aventuras, a decisão e a corte mais gentil ao mesmo tempo, recuperando, no êxtase, a expectativa e antecipando, na corte, a decisão. Esse 'de uma vez por todas' do prazer, esse entrelaçar dos tempos só pode ser expresso musicalmente. Don Juan exige música como lente ilusória do amor" (Benjamin, 1995, p. 208).

[27] Tal esforço do existente singular no modo existencial estético no sentido de escapar à instância do *ético* ou *geral* guarda compatibilidade com a atitude do sujeito no modo existencial estético, constituindo-se uma possibilidade de diálogo entre ambos os estádios de existência que convergem para a busca do absoluto em detrimento da moral: "A figura emblemática do cavalheiro da fé é Abraão. Em oposição, a figura emblemática do sedutor é Don Juan – ainda que esse título de 'sedutor' seja problemático, como se o verá mais à frente. Há, todavia, um ponto comum entre o cavalheiro da fé que é Abraão e este outro 'cavalheiro' – o cavaleiro – que é Don Juan: é que, precisamente, a ação deles os leva para além da moral. Abraão, com efeito, aceitando sacrificar seu filho, se coloca para além da moral; e até mais: a moral seria para ele uma traição de sua fé. E sabemos como Don Juan não apenas despreza toda regulação moral da existência, mas dá finalmente por prova de sua coragem a recusa em se arrepender. Um e outro – cada um

caráter permanente do arcabouço de normas éticas interindividuais, da construção lógico-racional e o seu fim, a saber, a verdade (objetiva), haja vista a instauração pelo sujeito de uma relação consigo mesmo que se mantém em um incessante estado de problematização, o que implica a vivência de contradições insuperáveis através de um jogo de sensações e percepções que tende à renovação de forma indefinida da condição originária do amor em uma atualização que longe de possibilitar a emergência do sentido existencial esgota-se na generalização.

> Que faço? Será que a seduzo? De modo algum, também isso me não conviria. Será que lhe roubo o coração? De modo algum; prefiro também que a jovem a quem devo amar mantenha o seu coração. Então, que faço? Formo, em mim, um coração à imagem do seu. Um artista pinta a sua bem-amada, e aí encontra o seu prazer; um escultor

---

segundo seu modo próprio – se colocam fora da esfera ética. Mas é apenas esse o único ponto comum entre eles." (Baas, 2010, s/n)

modela-a, e é o que também eu faço, mas no sentido espiritual.[28]

A fruição intensa do prazer da sedução enquanto relação do existente singular consigo mesmo na subjetividade da sua individualidade empírica, eis o que se impõe ao estádio estético em um movimento cujo sentido escapa ao conceito de uma conquista envolvendo um "objeto" que não seja o seu próprio ser, na medida em que, longe de uma carência redutível à posse ou ao domínio de um conteúdo enraizado em sua exterioridade, o que motiva tal conduta é um processo de constituição de si que não se esgota no "eu-eu" mas que se mantém nas fronteiras da possibilidade em um movimento que, por tal razão, guarda condição de inacabado e converge para um deleite que traz o seu ápice em uma espécie de "eterno retorno" ou "regresso sem

---

[28] Kierkegaard, 1979a, p. 66.

fim"²⁹ do ser em uma busca que tende à perda do seu próprio significado, na medida em que não pretende *tornar real* nem mesmo ela própria como tal, desembocando no infinito em uma construção que, destituída de raízes concretas, redunda na abstração e no vazio.

---

[29] Razão pela qual o Esteta A., segundo Victor Eremita/Kierkegaaard, afirma que "el recuerdo satisface mucho más que cualquier realidad y posee la seguridad que ninguna otra realidad ofrece" (Kierkegaard, 2006, p. 57).

II PARTE

DA VIRTUDE MORAL DO HERÓI TRÁGICO EM SUA RELAÇÃO COM O ÉTICO À *SUSPENSÃO TELEOLÓGICA DO ÉTICO* NA *RELAÇÃO ABSOLUTA COM O ABSOLUTO* DO CAVALEIRO DA FÉ: DA RESIGNAÇÃO ENTRE O ÉTICO E O RELIGIOSO

> O que de mais calamitoso pode a mente humana cogitar que um pai vir a ser o carrasco do próprio filho? Se Isaque fosse arrebatado por uma enfermidade, quem não teria julgado ser Abraão o mais desgraçado ancião, a quem um filho lhe fora em zombaria, e por causa do qual se lhe duplicaria a dor da falta de descendência? Se porventura fosse morto por algum estranho, o infortúnio teria sido intensificado muitíssimo pela indignidade do desfecho. Mas isto supera a todos os exemplos de ignomínia: ser sacrificado pela mão do próprio pai![30]

À complexidade da situação existencial envolvendo Abraão e a ordem divina para sacrificar o seu único filho em um processo que encerra perplexidade e espanto diante da sua ausência de coerência ou lógica e da sua aparente contradição e

---

[30] Calvino, 2, X, 11, 2006, p. 194.

paradoxo, impõe-se a relação com o Absoluto que, baseada em um amor total e uma confiança irrestrita, converge para o exercício da fé não como reverência religiosa, mas como obediência incondicional, o que implica uma concepção de Deus como um Ser caracterizado pela fidelidade, honestidade, segurança, estabilidade, verdade, que tendem a engendrar a Sua singularidade como tal através de um movimento que encerra a resposta do patriarca hebreu ao questionamento de Isaque acerca do cordeiro para o holocausto como uma expressão fundamental de confiança e obediência[31].

> A sua resposta a Isaac reveste a forma de ironia, porque é ela sempre que se emprega para exprimir qualquer coisa, sem, no entanto, dizer seja o que for. Se Abraão tivesse respondido: nada sei, haveria proferido uma mentira. Não lhe cabe pronunciar seja o que for, porque não pode dizer o que sabe. Portanto, responde apenas: *Meu filho,*

---

[31] Conforme explica Gouvêa, que esclarece que "este 'desperguntar' Isaque era baseado em seu conhecimento de Deus (*notitia*), sua confiança em Deus (*fidúcia*) e sua obediência e aquiescência às palavras de Deus (*assensos*); em suma, era uma expressão de fé, da convicção pessoal (*plerophoria*)" (Gouvêa, 2009, p. 253).

> *Deus prover-se-á ele próprio do cordeiro para o holocausto*. Aqui se vê o duplo movimento que se espera na alma de Abraão, tal como já se mostrou. Se tivesse simplesmente renunciado a Isaac sem fazer mais nada, teria expresso uma mensagem; porque sabe que Deus exige a Isaac em sacrifício, e que ele próprio está, nesse momento, prestes a sacrificá-lo. A cada instante, depois de ter realizado esse movimento, efetuou, portanto, o seguinte, o movimento da fé, em virtude do absurdo. Nesta medida, não mente; porque, em virtude do absurdo, é possível que Deus faça uma coisa completamente diferente. Não pronuncia, pois, uma mentira, mas também não diz outra coisa, porque fala uma língua estranha. Isto torna-se ainda mais evidente quando pensamos que é o próprio Abraão que deve sacrificar Isaac.[32]

Caracterizando-se como um fenômeno que guarda oposição à razão e ao bom senso, a fé de Abraão se sobrepõe às regras ou normas instituídas, convergindo para um movimento que desde a sua origem emerge destituído de lógica, à medida que não há sentido em crer na própria possibilidade de uma ordem divina desse tipo, o que implica o grau de dificuldade envolvido no conteúdo da mensagem e na condição do seu emissor, qual seja, o Absoluto,

---

[32] Kierkegaard, 1979c, p. 182, grifos do autor.

em um processo que encerra como fundamento a relação entre o humano e o divino.

> Depois dessas coisas, pôs Deus Abraão à prova e lhe disse: Abraão! Este lhe respondeu: Eis-me aqui! Acrescentou Deus: Toma teu filho, teu único filho, Isaque, a quem amas, e vai-te à terra de Moriá; oferece-o ali em holocausto, sobre um dos montes, que eu te mostrarei.[33]

Perder a razão e, consequentemente, a dimensão de existência com a qual mantém liames irredutíveis no processo de constituição da realidade objetiva, eis o que se impõe à fé corporificada por Abraão diante da determinação divina da total aniquilação daquilo que representava o seu mundo finito, a saber, Isaque, por intermédio do qual o sentido da sua vida estava assegurado, haja vista o papel destinado a cumprir como herdeiro do patriarca hebreu.

Nesta perspectiva, é a angústia que se impõe a Abraão no caminho que encerra como destino o

---

[33] Bíblia de Estudo de Genebra, Gn 22,1-2, 1999, p. 40.

sacrifício em holocausto do seu filho Isaque e que simultaneamente implica a relação com a realidade absoluta como uma experiência de ruptura ontológica que converge para a superação da condição humana profana e da sua consciência em um processo que implica ambivalência (medo e alegria, atração e repulsa) e possibilita a transposição das fronteiras do irreal, tendo em vista que, segundo Johannes de Silentio/Kierkegaard, "sob o ponto de vista ético, a conduta de Abraão exprime-se dizendo que quis matar Isaac e sob o ponto de vista religioso, que pretendeu sacrificá-lo. Nesta contradição reside a angústia que nos conduz à insônia, e sem a qual, Abraão não é o homem que é"[34].

Ao resultado milagroso que implica o sacrifício de Isaque impõe-se um processo que se sobrepõe à conciliação e envolve a reconciliação que, se não guarda correspondência com um acordo ou com um compromisso entre as partes contratantes, não

---

[34] Kierkegaard, 1979c, p. 125.

consiste tampouco na redução à resolução estética de um conflito trágico, mas perfaz uma construção que encerra uma relação envolvendo o Absoluto que pressupõe a perda de tudo como possibilidade referente à conquista de tudo em um processo que converge para o paradoxo e implica um "movimento de renúncia a toda a temporalidade através da fé, para conquistá-la outra vez através do absurdo. A fé restaura, por meio do absurdo, a ligação com o finito, mas apenas na medida em que o homem já tenha renunciado ao mundo terreno para ganhar o infinito"[35].

A impossibilidade de impor ao estádio religioso a condição que o encerra como o último em um processo que implica uma série contínua envolvendo os estádios ético, estético e religioso, eis o que se impõe à perspectiva de Kierkegaard, na medida em que tal interpretação converge para a sistematização da existência e a sua redução a uma construção

---

[35] Grammont, 2003, p. 90.

especulativa, sobrepondo-se à liberdade que caracteriza o homem enquanto tal em sua individualidade e à decisão que se lhe cabe assumir em relação às possibilidades existenciais em um movimento que somente se detém no paradoxo em face da própria existência da liberdade, que se contrapõe, em suma, à noção de plausibilidade concernente à cadeia de operações que inter-relacionadas tendem a culminar em um fim, o qual, por sua vez, guarda correspondência com as etapas precedentes em uma construção que converge para uma estrutura científico-racional.

> À impossibilidade da *suspensão teleológica da moral* que, circunscrevendo-se à instância do geral, demanda do homem em sua individualidade concreta uma conduta que se lhe corresponda em um movimento baseado na racionalidade que o caracteriza, impõe-se o paradoxo que emerge da relação com o Absoluto, que sobrepõe-se à referida instância e torna o *dever absoluto*, conforme defende Kierkegaard que, nessa perspectiva, opõe o sacrifício de Abraão, o "herói da fé", ao sacrifício de Agamêmnon, o "herói trágico", que imola a sua filha Ifigênia no interesse da cidade e para o bem da coletividade em um comportamento cuja manifestação guarda raízes na instância do geral , sublinhando que se no caso do "herói trágico" o objeto do dever é o seu único

> desejo em uma relação que implica a renúncia ao desejo em função do dever, no exemplo do "herói da fé" há uma identificação entre desejo e dever em um processo que demanda a renúncia a ambos, transcendendo a sua atitude o arcabouço da moral que, com os seus códigos, normas e regras, é relegado à condição de uma instância relativa.[36]

Sobrepondo-se à virtude moral e à tentação que o *ético* (ou *geral* ou *universal*) se lhe impõe no sentido de conformar o sujeito ao arcabouço de valores, práticas e condutas que perfazem a referida instância, determinando o *modus vivendi* e o *modus essendi* de uma comunidade histórico-cultural e econômico-social, o ato de fé de Abraão converge para a transposição do abismo que se interpõe ao estágio ético em face do estádio religioso em um movimento que envolve a *suspensão teleológica do ético* através da instauração de uma *relação absoluta com o Absoluto* que encerra o dever absoluto diante da Divindade acerca de Sua vontade enquanto tal em uma construção que implica a subjetividade e

---

[36] Mariano Da Rosa, 2018b, p. 21-22, grifos do autor.

demanda uma obediência absoluta e um amor incondicional que, constituindo a autenticidade existencial, consistem na possibilidade de correspondência entre o finito e o infinito.

Representando o "salto qualitativo", que possibilita a transposição da condição abísmica que caracteriza a relação entre os estádios existenciais envolvendo o ético e o religioso, o ato de fé de Abraão encerra uma decisão que se sobrepõe ao sistema ético-lógico e à instância do *geral* (ou *universal*), atribuindo ao patriarca hebreu o *status* de Cavaleiro da Fé em um movimento que implica um *dever absoluto*, cuja obediência, baseada em um amor incondicional concernente a Deus, se lhe confere preeminência diante do poeta e do herói trágico, os quais, respectivamente, correspondem ao *amor a si mesmo* do estádio estético e ao *amor ao próximo* do estádio ético.

> O ético é aquele que quer livremente o que quer e que consegue conciliar sua vontade com a vida social sob a forma do dever. Quando o ético se casa, mantém relações

> com uma outra pessoa, compromete-se com o Estado, exerce uma profissão, ele não se submete ao dever e as normas sociais. Ao contrário, cada um de seus atos é a expressão de sua liberdade, por que cada um foi livremente aceito *como a expressão da personalidade no que ela tem de eterno*. O ético não se decide entre diversas possibilidades, não se decide cumprir uma série de deveres: essencialmente opta por *si mesmo*.[37]

Se o modo de vida baseado na objetividade e na racionalidade converge para as fronteiras que encerram a atitude ética, a sua transposição requer um movimento que escapa a qualquer processo lógico, na medida em que envolve o "salto qualitativo" caracterizado pelo paradoxo absoluto da fé em um processo que se sobrepõe à síntese ou reconciliação dos opostos e demanda a sua radicalização através de uma construção que, trazendo como fundamento a experiência individual e a subjetividade, tende ao desafio que implica tornar-se capaz de não fugir ao desespero[38].

---

[37] Le Blanc, 2003, p. 63-64, grifos do autor.

[38] Nesta perspectiva, cabe sublinhar a fórmula que, segundo Anti-Climacus/Kierkegaard, encerra a capacidade de produzir a superação absoluta da referida desordem existencial: "Eis a

Sobrepondo-se ao intelecto em um movimento que encerra a total impossibilidade envolvendo o pensamento no sentido de se superar a si próprio no afirmativo, Kierkegaard atribui à vontade a capacidade de realizar a transposição do abismo que se impõe às modalidades existenciais em questão através do poder da escolha diante da realidade *hic et nunc* em um processo que encerra a correlação das referidas dimensões na vida do existente singular e a determinação da experiência do indivíduo pela conduta assumida em sua orientação.

A impossibilidade de compreensão do sofrimento, eis o que se impõe ao Cavaleiro da Fé, na medida em que é a ordem de Deus que provoca a crise existencial de Abraão em um processo que se contrapõe ao *geral* [39] e às normas éticas

---

fórmula que descreve o estado do eu, quando deste se extirpa completamente o desespero: orientando-se para si próprio, querendo ser ele próprio, o eu mergulha, através da sua própria transparência, até o poder que o criou". (Kierkegaard, 1979b, p. 196)

[39] "Abraham doit subir l'épreuve du sacrifice de son fils durant

interindividuais, ao sistema lógico-racional e ao arcabouço jurídico-legal, convergindo para a produção do paradoxo e da contradição que em sua radicalidade escapa à síntese e ao seu movimento de mediação em uma experiência que implica o exercício da vontade contra si mesmo e traz como fundamento a angústia como possibilidade de liberdade diante do desafio que, baseado no salto qualitativo, cabe ao existente singular empreender na transição do ético ao religioso, tendo em vista que o Cavaleiro da Fé

> não renuncia à sua individualidade para se expressar no geral, antes se relaciona interiormente consigo mesmo. Nesse seu próprio interior se encontra com o absoluto. Ele, o cavaleiro da fé, não tem descanso, mas antes se renova constantemente. Enquanto o herói trágico necessita de aplausos e brados, o cavaleiro da fé pede silêncio. Aliás, não é fortuito o pseudônimo que Kierkegaard utiliza em Temor e tremor: Johannes de Silentio. Em outras palavras, aquele que diante do

---

la suspension téléologique de l'éthique, mais Abraham n'est aucunement perdu. Il ne saurait tomber sous la critique hégélienne de la moralité abstraite. Abraham n'est pas un individu particulier opposé arbitrairement à la généralité, mais un individu-singulier." (Politis, 2002, p. 57)

paradoxo da fé não consegue ter outra atitude senão o silêncio. Abraão chega na hora correta em Moriá, nem cedo e nem tarde. Ele crê que não precisará sacrificar Isaque, mas, se Deus assim quiser, ele sacrificará. Abraão crê no absurdo, ou seja, ele crê que Deus vai desistir do que havia lhe pedido.[40]

A incapacidade de entender a ordem de Deus, que implica restrições que envolvem a impotência cognitiva em face da sua finitude e das determinações ético-religiosas, histórico-culturais e econômico-sociais, eis o que se impõe como passível de provocar o sofrimento de Abraão, na medida em que escapa ao seu domínio lógico-racional o fundamento da exigência em questão que, irredutível ao arcabouço de normas éticas interindividuais do geral, encerra a condição de uma situação que traz um grau máximo de dificuldade para o patriarca hebreu em sua constituição cognitiva, emocional, psicológica, moral, psíquica, etc., perfazendo uma prova ou um teste[41] e uma avaliação do conteúdo dos

---

[40] Paula, 2001, p. 108.
[41] Nesta perspectiva, cabe recorrer à explicação de

referidos aspectos em sua estrutura pessoal na instauração da experiência existencial que supõe a *relação absoluta com o Absoluto* como superação da imanência absoluta.

À experiência da dor que emerge da obediência de Abraão ao dever absoluto na *relação absoluta com o Absoluto* o que se impõe é uma paz que não se reduz à mediação do geral e às suas normas éticas interindividuais, nem corresponde à concordância do intelecto com o sistema lógico-racional ou o assentimento à exterioridade coercitiva de uma força legal, mas implica um movimento que se sobrepõe a qualquer fundamento ético, legal ou lógico e converge para as fronteiras que excedem à capacidade intelectual, emocional, psicológica,

---

Climacus/Kierkegaard a respeito da referida experiência existencial de Abraão: "Na tentação (quando *Deus* tenta uma pessoa, como é dito de Abraão no Gênesis), Abraão não era heterogêneo em relação ao ético, ele bem podia realizá-lo, mas foi impedido disso por aquela coisa superior que, ao acentuar *absolutamente* a si mesma, transformou a voz do dever em tentação." (Kierkegaard, 2013, p. 282, grifos do autor)

moral, afetiva, volitiva, consciencial, etc., em um processo que se mantém sob a égide da angústia, na medida em que a única certeza envolve a própria situação-limite, a saber, a relação com o Transcendente, a relação com o Absoluto que, em face de tal condição, encerra em sua totalidade a incognoscibilidade que o caracteriza como tal, ou seja, a impossibilidade de desvelamento absoluto da sua vontade e propósito, o que demanda uma confiança que não pode ter como conteúdo nada que não seja a própria natureza da Divindade como o Supremo Bem.

> Dessa forma, ao caráter trágico da existência impõe-se uma angústia fundamental que, sobrepondo-se ao medo e a qualquer tipo de fenômeno que permaneça atrelado a algo propriamente objetivo, guarda correspondência com a vertigem da possibilidade da liberdade, convergindo para a culpabilidade e pressupondo o erro original, o que implica a necessidade de que o homem em sua individualidade concreta vivencie diferentes possibilidades existenciais em um movimento que encerra a experiência de um processo de fuga que, em suma, tem como fundamento o próprio ser que através da atitude *estética* e da conduta *ética* ou *moral* pretende

alcançar o sentido ou o Absoluto que apenas no *estádio religioso* há possibilidade de encontrar.[42]

A impossibilidade de conversão em "cavaleiro da fé", eis o que se impõe ao "herói trágico", cuja condição implica a renúncia de si mesmo em função da necessidade de expressar o *universal* em um processo que se circunscreve aos seus próprios poderes e não tem capacidade de realizar o salto que caracteriza o ato de Abraão, que abdica do *universal* (instância do *geral*) em face do individual em um movimento que, encerrando a terrível responsabilidade da solidão, converge para a instauração de uma *relação absoluta com o Absoluto* através de uma *nova experiência existencial*, na medida em que "no fundo dessa solidão, em que não se ouve qualquer voz humana, só a angústia é uma certeza. A angústia da incerteza torna-se a única

---

[42] Mariano Da Rosa, 2018b, p. 28, grifos do autor.

certeza possível, a fé está nessa certeza angustiada, a angústia certa dela mesma e da relação com Deus"[43].

---

[43] Le Blanc, 2003, p. 70.

Abraão e a fé como princípio do *novo ser* e do *novo modo de existência*
Luiz Carlos Mariano da Rosa

III PARTE

DA FÉ COMO "SALTO QUALITATIVO" ENTRE O ÉTICO E O RELIGIOSO E A SUPERAÇÃO DE SI COMO CONDIÇÃO ESSENCIAL PARA A INSTAURAÇÃO DA ESPIRITUALIDADE INDIVIDUAL E DA AUTENTICIDADE EXISTENCIAL

> Se porventura tivesse que falar sobre ele, pintaria antes de mais a dor da prova. Para terminar, sorveria como sanguessuga toda a angústia, toda a miséria e todo o martírio do sofrimento paternal para apresentar o de Abraão, fazendo notar que, no meio das suas aflições, ele continuava a crer.[44]

A impossibilidade de conciliação entre fé e vontade, eis o que se impõe ao existente singular e à *relação absoluta com o Absoluto* instaurada pela sua experiência existencial, na medida em que, baseada na paixão da interioridade e no paradoxo absoluto, a fé se contrapõe ao conteúdo que emerge das fronteiras que encerram a natureza, as carências, os

---

[44] Kierkegaard, 1979c, p. 140.

desejos e os instintos e que constitui o elemento da indeterminação e da reflexão do eu em si mesmo em um processo que envolve a infinitude ilimitada da abstração e da generalidade absolutas e converge para capacitar o sujeito a se abstrair das determinações por intermédio de um movimento que tende à autodeterminação.

Sobrepondo-se ao movimento de oposição envolvendo o subjetivo e o objetivo que em sua construção formal converge para as fronteiras da condição dual que encerra a consciência e o mundo, a interioridade e a exterioridade, como sistemas ou estruturas completas e acabadas em si, se o "eu", segundo Hegel, emerge de um processo de diferenciação que guarda correspondência com a objetivação da vontade em uma relação que implica ato e totalização [45], de acordo com Anti-

---

[45] Hegel afirma que "o eu é a passagem da indeterminação indiferenciada à diferenciação, a delimitação e a posição de uma determinação específica que passa a caracterizar um conteúdo e um objeto. Pode este conteúdo ser dado pela natureza ou

Climacus/Kierkegaard, o "eu" consiste em uma relação:

> O eu é uma relação, que não se estabelece com qualquer coisa de alheio a si, mas consigo própria. Mais e melhor do que na relação propriamente dita, ele consiste no orientar-se dessa relação para a própria interioridade. O eu não é a relação em si, mas sim o seu voltar-se sobre si própria, o conhecimento que ela tem de si própria depois de estabelecida.
> O homem é uma síntese de infinito e de finito, de temporal e de eterno, de possibilidade e de necessidade, é, em suma, uma síntese.[46]

Nesta perspectiva, o episódio que converge para atribuir ao patriarca hebreu Abraão a condição de "Pai da Fé" e "Amigo de Deus" assinala o caráter sacrificial da *relação absoluta com o Absoluto* em um processo que encerra a negação de si como princípio e implica um *novo ser*, na medida em que, emergindo da abstração própria da infinitude de sua individualidade, o "eu", que em seu devir tende a se

---

produzido a partir do conceito do espírito. Com esta afirmação de si mesmo como determinado, o eu entra na existência em geral; é o momento absoluto do finito e do particular no eu." (Hegel, 1997, Introdução, 6b, p. 14-15)

[46] Kierkegaard, 1979b, p. 195.

sujeitar a finitude das coisas e seres em sua diferenciação, se submete ao Absoluto e à determinação da sua vontade através de um movimento que envolve a subjetividade e que, baseado no paradoxo absoluto da fé, guarda capacidade de fundar um *novo modo de existência* cuja liberdade, longe de consistir no exercício de uma ação que tem a mediação do ético ou geral na sua operação em face do mundo histórico-cultural e das relações intersubjetivas que o perfazem como tal, emerge sob a égide do *dever absoluto* e dos riscos que estão imbricados em sua tradução ou interpretação.

> Se a esfera ética atribui a Abraão a condição de assassino em um processo que assinala um confronto entre a particularidade e o *geral*, a sua disposição de corresponder à relação com o *Transcendente* converge para um movimento que implica, em última instância, o sacrifício de si mesmo na medida em que, consistindo a vida de Isaque no resultado da intervenção de Deus no cumprimento de sua promessa de paternidade ao patriarca, a exigência de tal atitude escapa à inteligibilidade e à compreensão, permanecendo sob a égide do *absurdo*, em cujas fronteiras o seu ato torna-se capaz de acarretar a superação de si próprio através da fé

como uma experiência que resulta na constituição de um *novo ser* em uma construção simbólica que acena com o *novo nascimento* como o acontecimento de conversão do homem em sua individualidade a Deus.[47]

Encerrando a possibilidade de perda na exterioridade, Abraão expõe a sua vontade aos riscos implicados na obediência à ordem cujo princípio se contrapõe à instância do geral e ao arcabouço de normas éticas interindividuais que o perfaz, convergindo para encerrar o seu ato nas fronteiras do absurdo, na medida em que se sobrepõe às regras do sistema lógico-racional e guarda possibilidade de implicar a ruptura da estrutura jurídico-legal, haja vista que a sua concretização mantém a prática sob a égide de um homicídio através de um movimento que, em virtude do *dever absoluto* que o rege no âmbito da *relação absoluta com o Absoluto*, culmina na apreensão do oposto da perda na construção da sua unidade, a saber, na conquista, que constitui-se como o positivo no negativo em um processo que

---

[47] Mariano Da Rosa, 2018a, p. 158, grifos do autor.

tende, em suma, a autodeterminação.

Existindo por si mesmo, independentemente de qualquer relação com coisas ou seres em sua concreticidade, o Absoluto escapa a condição de um objeto de conhecimento, passível de apreensão através do sistema lógico-racional, na medida em que se constitui como fundamento universal, convergindo para as fronteiras que encerram a necessidade da fé que, sob o sentido de adesão à transcendência, emerge como a possibilidade de atribuir ao "Ser-em-Si" caráter real, tendo em vista que o exercício da fé implica a vivência do Absoluto e a experiência como tal para a subjetividade do indivíduo empírico[48].

A vontade de alcançar o Absoluto como

---

[48] Dessa forma, Deus emerge como uma impossibilidade categorial na medida em que escapa aos pressupostos da cognoscibilidade e se sobrepõe às fronteiras da irracionalidade, guardando correspondência com o caráter inexprimível da relação que implica a subjetividade e a Realidade-em-Si, a saber, o Absoluto que, encerrando a essência transcendente do homem, não consiste em um objeto de conhecimento senão de fé.

"Realidade-em-Si", eis o que se impõe à fé do existente singular em um processo que implica a oscilação entre a aspiração infinita e o "ser em situação", irredutível à relação com a realidade objetiva em um movimento que converge para o Uno transcendente, haja vista o caráter insustentável da existência em um processo que implica uma relação envolvendo a subjetividade em sua individualidade empírica e a transcendência que converge para as fronteiras do paradoxo, na medida em que encerra a busca do "Ser-em-Si" em um movimento que se sobrepõe aos modos do ser que se circunscrevem à condição de objetos.

> Existir, para o homem, não é equivalente de ser (*Vaeren*) ou de ter a existência empírica, imediata, a existência de fato (*Tilvaerelse*). O homem é o único existente, distinto dos outros entes que só têm uma existência de fato e não sabem quem são. Muito mais, para o homem, sua existência é uma tarefa, uma exigência: a de ter que devir, edificar-se.[49]

Sobrepondo-se à mediação lógica e ao processo

---

[49] Farago, 2006, p. 75.

de reconciliação dos opostos para cujas fronteiras tende através da síntese, a transposição envolvendo os estádios existenciais demanda o "salto qualitativo" em um movimento que emerge como possibilidade e implica a escolha e a decisão do existente singular, convergindo para um exercício que, escapando à atividade reflexiva e ao pensamento, não guarda correspondência senão com a paixão[50].

Nesta perspectiva, submetido incessantemente ao desafio de superação de si em um processo que encerra um paradoxo absoluto e demanda o exercício da fé como *relação absoluta com o Absoluto*, o Cavaleiro da Fé é confrontado continuamente com a possibilidade de retomar a conduta da instância do *geral* (ou *ético* ou *universal*), convergindo para as fronteiras que encerram a instabilidade e a

---

[50] "Selon Kierkegaard, il ne faut pas mélanger conviction pathétique de sauter (Jacobi) et saut pathético-dialectique dans la foi (saut paradoxal). Le saut Kierkegaardien se fonde sur la décision et non sur la persuasion, il n'intervient pas avant la rationalité (ou contre elle de manière immédiate) mais après elle." (Politis, 2002, p. 44)

impermanência no movimento que implica o infinito e que envolve uma atitude que não se circunscreve ao *ético* ou *universal*, sob cuja égide permanece atrelado o comportamento do herói trágico que, depois de instituir a harmonia entre a sua subjetividade e a generalidade do bem e do mal através da opção pelo "bem" determinada pelo *geral*, alcança, neste arcabouço que se distingue pelo seu conteúdo racionalista, a condição ou estado do que está livre de danos ou riscos em sua existência histórico-cultural e cujo sinal emerge como uma sensação de paz e tranquilidade.

> O herói trágico rapidamente terminou o combate; realizou o movimento infinito e agora encontra a segurança no geral. Pelo contrário, o cavaleiro da fé sofre uma constante prova, a cada momento tem uma possibilidade de regressar, arrependendo-se ao seio do geral, e essa possibilidade tanto pode ser crise como verdade.[51]

Dessa forma, a fé permanece sob a égide do risco em um processo que demanda uma experiência

---

[51] Kierkegaard, 1979c, p. 156.

que converge para as fronteiras da angústia e implica o exercício de uma liberdade baseada em uma *incerteza absoluta* através de um movimento que encerra uma resignação absoluta que, consistindo na atitude que abdica da realidade em sua totalidade finita, consiste no esvaziamento de si próprio em uma construção que tende a instaurar a *espiritualidade individual* e a autenticidade existencial que a perfaz.

> Do ponto de vista da ética clássica, apenas o próprio princípio ético universal é absoluto. O ético "não tem nada de fora de si mesmo que seja seu telos, mas ele mesmo é o telos para tudo fora de si mesmo". Desse ponto de vista, pode-se apenas concluir que o ético tornou-se divino. Nas teologias de Kant e Hegel a ética assumiu as características da divindade. Enquanto isto, Johannes sabe, como um hegeliano desapontado, que neste contexto Deus passa a ser um ponto invisível e evanescente, um pensamento impotente; seu poder está apenas no ético, que preenche toda a existência.[52]

Sobrepondo-se ao sistema ético-lógico ou ético-legal que caracteriza a instância do geral e a mediação do seu arcabouço de normas éticas

---

[52] Gouvêa, 2009, p. 241.

interindividuais institucionalizadas e a sua verdade e o seu caráter divino, o Transcendente não é passível de apreensão pela estrutura lógico-racional do conhecimento, mantendo-se irredutível às categorias lógicas, éticas ou legais que determinam a existência histórico-cultural do sujeito, na medida em que consiste no Totalmente Outro[53] cuja possibilidade de relação se circunscreve às fronteiras da subjetividade e à experiência existencial que implica o paradoxo absoluto da fé em um movimento que converge para a *relação absoluta com o Absoluto*.

> Se a *verdade* publicamente reconhecida através de um conteúdo universalmente válido possibilita o desenvolvimento da conduta e a conformação da vida ao direito substancial e às regras da moralidade objetiva do

---

[53] "Dos consecuencias se siguen de que Dios, como fondo del ser, trascienda infinitamente todo lo que es: primero, que todo cuanto sabemos acerca de una cosa finita, lo sabemos acerca de Dios, puesto que todas las cosas finitas están enraizadas en dios como en su propio fondo; segundo, que nada de cuanto sabemos acerca de una cosa finita podemos aplicarlo a Dios, porque Dios es lo 'absolutamente outro' o, si se quiere, lo 'extáticamente trascendente'. La unidad de estas dos consecuencias divergentes constituye el conocimiento analógico o simbólico de Dios." (Tillich, 1982, p. 22)

> Estado em um movimento que supõe a superação da individualidade do ser, segundo Hegel, ao conflito entre a *universidade* e a *subjetividade*, que caracteriza o indivíduo submetido à mediação da ética para a sua própria constituição como tal, assim como para o estabelecimento de relações envolvendo os homens entre si e o divino, impõe-se o desafio da constituição de uma existência autêntica, que implica a superação de uma instância cujos preceitos e princípios têm a sua finalidade em si em uma construção que atribui ao *universal* o sentido do divino e, por essa razão, define a concepção de dever em sua relação com o *universal*, sobrepondo-se à noção de *dever absoluto* concernente a Deus e ao silêncio como objeto de censura.[54]

Instituindo uma *relação absoluta com o Absoluto*, Abraão instaura uma experiência existencial que converge para a *suspensão teleológica do geral* em um processo que atribui ao ético uma condição relativa, na medida em que funda a moral no absoluto em um movimento que pressupõe o dever absoluto como expressão da vontade de Deus que, caracterizando-se como transcendente, guarda raízes nas fronteiras da subjetividade, demandando uma obediência baseada

---

[54] Mariano Da Rosa, 2018a, p. 159, grifos do autor.

no paradoxo irredutível que encerra a fé como incerteza objetiva e paixão da interioridade, tendo em vista que, conforme explica Johannes de Silentio/Kierkegaard:

> Inaudito paradoxo é a fé, paradoxo capaz de fazer de um crime um ato santo e agradável a Deus, paradoxo que devolve a Abraão o seu filho, paradoxo que não pode reduzir-se a nenhum raciocínio, porque a fé começa precisamente onde acaba a razão.[55]

Nesta perspectiva, consistindo no paradoxo absoluto e na incerteza objetiva, a fé implica uma experiência existencial que encerra a *relação absoluta com o Absoluto* que, uma vez instaurada entre o finito e o infinito, pressupõe a eleição do Cavaleiro da Fé para o sofrimento imbricado no processo por intermédio de um movimento que guarda raízes nas fronteiras da resignação infinita que se impõe ao estágio ético e possibilita a transição para o estágio religioso através da transposição do abismo que os separa pelo "salto qualitativo"

---

[55] Kierkegaard, 1979c, p. 140.

corporificado pelo exercício fundado pela radicalização dos contrários e pelo desafio de um enfrentamento que, em última instância, traz o próprio existente singular e a sua existência como base conteudístico-formal e como *locus* o devir.

A negação de si, eis o que se impõe à *relação absoluta com o Absoluto* em um processo que encerra a necessidade de uma disposição que implica a perda da imanência enquanto condição fundamental para a existência ético-lógica e histórico-cultural, convergindo para as fronteiras que envolvem a morte do existente singular para si próprio como uma experiência que tende à situação-limite da vida do homem em sua individualidade concreta e subjetividade empírica em sua totalidade. "O arrependimento implica a afirmação de si, enquanto responsável por seu ato. É negação de si enquanto portador da culpa (culpável). Desta forma, eu não adquiro e reforço o sentimento de minha pessoalidade, senão pelo preço da negação de mim"[56].

Nesta perspectiva, tal movimento alcança o ápice do paradoxo em um processo que, por essa razão, possibilita o exercício de uma fé que, longe de se tornar um acontecimento que pressupõe a destruição do finito e do temporal em função do infinito e do eterno, consiste em uma perda que em seu ponto culminante emerge como uma conquista que tem como base conteudístico-formal o próprio Deus, visto que "a fé instaura entre o eu e o mundo, entre o eu e ele mesmo, uma relação de estabilidade que apaga angústia e desespero, apenas pelo princípio de que para Deus tudo é possível"[57].

---

[56] Pacheco, 2014, p. 153.
[57] Le Blanc, 2003, p. 90.

Abraão e a fé como princípio do *novo ser* e do *novo modo de existência*
Luiz Carlos Mariano da Rosa

CAPÍTULO 2[58]

AGAMÊMNON E ABRAÃO SEGUNDO A PERSPECTIVA ÉTICO-RELIGIOSA

O Capítulo 2 mostra que, consistindo na autêntica modalidade da existência, o Cavaleiro da Fé, segundo a perspectiva teológico-filosófica de Kierkegaard, sobrepõe-se ao herói trágico e à

---

[58] O referido capítulo é constituído por trechos que integram o conteúdo publicado em forma de artigo, sob o título *Abraão e a espiritualidade individual como base da existência autêntica em Kierkegaard: da fé como relação absoluta com o Absoluto à fé como a encarnação do Absoluto no Deus-Homem Jesus Cristo*, em **Teoliterária - Revista de Literaturas e Teologias [PUC-SP]**, ISSN: 2236-9937, v. 8, n. 18, p. 443-482, jun./dez. 2019, São Paulo – SP, Brasil, e sob o título *Abraão e a fé paradigmática: da relação absoluta com o Absoluto à encarnação do Absoluto no Deus-Homem Jesus Cristo*, pela **Revista Eletrônica Espaço Teológico / REVELETEO [PUC-SP]**, ISSN: 2177-952X, v. 13, n. 23, p. 13-37, jan./jun. 2019, São Paulo – SP, Brasil, e sob o título *Abraão e a fé prototípica: da fé como paradoxo absoluto à fé como encarnação do Absoluto no Deus-Homem Jesus Cristo*, em **PLURA, Revista de Estudos de Religião / Journal for the Study of Religion [ABHR - Associação Brasileira de História das Religiões]**, ISSN: 2179-0019, v. 9, n. 2, p. 162-184, jul./dez. 2018.

resignação infinita que o caracteriza no estádio ético, na medida em que à capacidade de amar e de se sacrificar em relação ao próximo e à comunidade que determina o comportamento do herói trágico impõe o amor a Deus em um processo que implica a construção da individualidade e encerra o sofrimento como característica, haja vista que demanda a obediência como uma atitude de transposição das fronteiras ético-lógicas do mundo moral do contexto histórico-cultural. Dessa forma, o texto assinala que, escapando à condição de um herói trágico, Abraão emerge como a relevante exceção nas fronteiras da esfera religiosa em um processo que encerra o herói trágico ao âmbito da ética através de uma oposição conceitual que converge para a distinção entre religião e ética[59].

---

[59] "Kierkegaard distingue assim três estádios existenciais: o estádio estético em que o homem se abandona à imediatidade, o estádio ético em que se submete à lei moral ou geral como se diz, e o estádio religioso em que o homem, abraçando a eternidade se deixa dirigir pelo amor, para além do bem e do mal." (Farago, 2006, p. 120)

Nesta perspectiva, o trabalho, baseado em Almeida; Valls (2007), Gouvêa (2009), Hegel (1997), Jaspers (1958) e Kierkegaard (1979; 2013), sublinha, por intermédio do viés ético-religioso, que, caracterizado pela *coragem moral*, o herói trágico guarda capacidade de suportar o destino que se lhe é imposto através de um movimento que envolve complacência e resignação, convergindo para uma conduta que expressa o *geral* e perfaz o "homem puro", que se sobrepõe ao segredo e ao silêncio em um processo que implica as determinações da interioridade, as quais, atribuindo ao homem real grandeza, caracterizam o Cavaleiro da Fé na transposição das fronteiras do *geral* em uma construção que tende inescapavelmente ao paradoxo e impõe ao indivíduo a consciência da sua união com a divindade.

Dessa forma, o texto expõe que, se no caso dos heróis trágicos a morte do filho (ou da filha) é iminente e o luto consiste em uma experiência real, o episódio que envolve o ato de Abraão encerra no momento decisivo a recuperação do seu filho Isaque que, no processo que implica a transição até o Monte Moriá, consiste na oferta destinada a Deus em função da sua ordem de apresentá-lo em sacrifício em um movimento cujo conteúdo implica a morte do seu primogênito e herdeiro das promessas referentes à sua descendência, convergindo para uma construção que assinala a especificidade do gesto religioso em relação ao gesto estético e ao gesto ético[60].

Nesta perspectiva, a investigação defende que,

---

[60] "Dans crainte et tremblement sont présentés (cf. crt, sv3 v, p. 51-62/0c v, p. 146-158) plusieurs cas tragiques de sacrifice d'un enfant par son père sacrifice d'iphigénie par Agamemnon (voir Euripide, Iphigénie à Aulis); fille de Jephté sacrifiée par son père (voir dans l'ancien testament le livre des juges) sacrifice par Brutus de son fils (voir tite-live, histoire romaine, ii, 5). Agamemnon, Brutus ou Jephté, chacun dans sa double dimension privée et publique, sont des héros tragiques en eux le père et le chef, l'individu et la collectivité se heurtent avec une égale légitimité; le principe de la collectivité l'emporte sur le principe individuel, mais sans ruiner en son fondement ce principe. c'est pourquoi il y a tragédie aucun des deux principes que réunit en sa personne le héros tragique n'est condamné au profit de l'autre et pourtant ils se livrent une lutte à mort d'où ni l'un ni l'autre ne sortira vainqueur." (Politis, 2002, p. 28, grifos do autor)

se a viagem em direção ao Monte Moriá corresponde a resistência de Abraão em submeter-se à instância do *geral* e a sua mediação em uma experiência que implica uma *resignação infinita*[61] em face do *dever absoluto* de sacrificar em holocausto o objeto do seu amor absoluto, Isaque, filho da promessa, a renúncia que encerra tal ato converge não para a destruição do finito mas para a sua conservação através da *suspensão temporária do ético* como um processo de superação que tem como fundamento a *relação absoluta com o Absoluto* e guarda raízes nas fronteiras do *salto qualitativo* e da possibilidade para a qual tende de alcançar o infinito em um movimento que se torna capaz de colocar o *finito* à distância, ou melhor, *entre parênteses*, em função do *absurdo*.

---

[61] "A resignação infinita é o último estágio que precede a fé, pois ninguém a alcança antes de ter realizado previamente esse movimento." (Kierkegaard, 1979c, p. 120)

Abraão e a fé como princípio do *novo ser* e do *novo modo de existência*
Luiz Carlos Mariano da Rosa

I PARTE

DO HERÓI TRÁGICO E O DEVER ÉTICO NO SACRIFÍCIO AO GERAL AO CAVALEIRO DA FÉ E O DEVER ABSOLUTO NA *RELAÇÃO ABSOLUTA COM O ABSOLUTO*

Tendo como destino Tróia, a armada grega permanece ancorada em Áulis, cidade e porto da Beócia, em frente à ilha de Eubéia, impossibilitada de empreender viagem em face da inacessibilidade de navegação produzida pela ausência de ventos, convergindo para um contexto que provoca o desgaste da tropa liderada por Agamêmnon, rei de Micenas e chefe supremo dos reis aqueus confederados[62], e o pressiona no sentido de uma solução para o impasse, diante do qual decide

---

[62] "Agamêmnon foi escolhido comandante supremo da armada Aquéia, seja por seu valor pessoal, seja porque era uma espécie de rei suserano, dada a importância de Micenas no conjunto do mundo aqueu, quer por efeito de hábil campanha política." (Brandão, 1986, p. 86)

consultar Calcas, o oráculo[63], que esclarece o motivo do problema, alegando que a deusa Ártemis é a responsável pela ausência de ventos, o que implica a exigência de sua parte acerca do sacrifício de Ifigênia[64], filha de Agamêmnon e Clitemnestra.

Se inicialmente há resistência de Agamêmnon em relação ao sacrifício de Ifigênia, superando o transtorno causado pela proposta da deusa Ártemis, o comandante supremo da armada aquéia, sob a influência do irmão Menelau, pretendendo

---

[63] "Calcas, o adivinho da vida militar, como Tirésias o era da religiosa, disse que Zeus queria significar que Tróia seria tomada após dez anos de luta. De acordo com os *Cantos Cíprios*, poemas que narram fatos anteriores à *Ilíada*, os Aqueus, ignorando as vias de acesso para Tróia, abordaram em Mísia, na Ásia Menor e, depois de diversos combates esparsos, foram dispersados por uma tempestade, regressando cada um a seu reino. Oito anos mais tarde, reuniram-se novamente em Áulis." (Brandão, 1986, p. 86)

[64] "Consultado mais uma vez, Calcas explicou que o fato se devia à cólera de Ártemis, porque Agamêmnon, matando uma corça, afirmara que nem a deusa o faria melhor que ele. A cólera de Ártemis poderia se dever também a Atreu, que, como se viu, não lhe sacrificara o Carneiro de Velo de Ouro ou ainda porque o Rei de Micenas prometera sacrificar-lhe o produto mais belo do ano, que, por fatalidade, havia sido sua filha Ifigênia." (Brandão, 1986, p. 86)

encaminhar a frota imediatamente a fim de derrotar os troianos, decide enviar uma convocação para Ifigênia através de Clitemnestra, usando o argumento envolvendo a celebração do casamento da filha com Aquiles em uma trama que culmina na descoberta do plano real de Agamêmnon, que expõe a verdadeira intenção do seu convite e o motivo da sua presença em Áulis, o que implica em sua resistência inicial ao sacrifício e posteriormente à voluntária dedicação da sua vida em função da necessidade de satisfazer pela sua morte ao desejo da deusa e à ambição do pai[65].

Nesta perspectiva, se as leis e instituições éticas se impõem à obediência do indivíduo em um processo que as encerra como determinações

---

[65] "Ifigênia, a filha mais velha de Agamêmnon e Clitemnestra, como se viu, foi reclamada por Ártemis como vítima para que cessasse a calmaria e a frota Aquéia pudesse chegar a Tróada. No momento exato em que ia ser sacrificada, Ártemis a substituiu por uma corça e, arrebatada, Ifigênia foi transportada para Táurida, onde se tornou sacerdotisa de Ártemis." (Brandão, 1986, p. 92)

substanciais que guardam a capacidade de expressarem o seu ser substancial em uma relação que, dessa forma, converge para as fronteiras do *dever ético*, o drama de Agamêmnon emerge de um conflito que envolve o *dever* ao qual está atrelado como pai e o *dever* que se lhe compete como líder político-militar em uma construção que estabelece como polos antagônicos a família e a nação, o privado e o público, na instância do *geral* e assinala a prevalência deste em detrimento do *singular*, o que implica, conforme assinala Silentio/Kierkegaard em *Temor e Tremor*, que "o verdadeiro herói trágico sacrifica-se ao geral com tudo o que lhe é próprio: os seus atos, todos os seus impulsos pertencem ao geral; está manifesto e nessa manifestação é o filho bem-amado de ética"[66].

Renunciando ao desejo em função do cumprimento do dever em um movimento que encerra a transformação do *dever ético* em desejo e

---

[66] Kierkegaard, 1979c, p. 178.

implica, em suma, a identificação entre ambos, o herói trágico alcança a expressão máxima do dever na medida em que o repúdio que caracteriza a atitude de Agamêmnon, autorizando o sacrifício de sua filha, Ifigênia, é superado pela consciência de que na instância do *geral* a sua prática guarda uma conformidade lógica que implica a adesão à causa maior e ao princípio superior de determinação que sobrepõe à vontade do singular a vontade do *universal* e atribui grandeza ao feito, que consiste na sua virtude moral[67].

Se na instância do *geral* é dever do pai amar o filho, o sacrifício de um bem pessoal em função de um bem universal guarda conformidade lógica, alcançando fundamento racional nas fronteiras do ético em um processo que se sobrepõe ao indivíduo e a sua singularidade e tende a conduzir a própria

---

[67] Tendo em vista que, segundo Hegel "numa vida coletiva moral, é fácil dizer o que ao homem cumpre, quais os deveres a que tem de obedecer para ser virtuoso. Nada mais tem a fazer além do que lhe é indicado, enunciado e sabido pela condição em que está." (Hegel, 1997, § 150, p. 145)

vítima à consciência da necessidade do ato, como no caso de Agamêmnon e de Ifigênia, cujo relato assinala que, à hediondez e absurdez da disposição do pai em imolar a filha, impõe-se o reconhecimento da comunidade através da piedade e da admiração da qual se torna objeto em face da sua grandeza e virtude[68] diante do interesse geral da coletividade.

> A diferença que separa o herói trágico de Abraão salta aos olhos. O primeiro continua ainda na esfera moral. Para ele toda a expressão da moralidade tem o seu *telos* numa expressão superior da moral; limita essa relação entre pai e filho, ou filha e pai a um sentimento cuja dialética se refere à ideia de moralidade. Por conseguinte não se trata aqui de uma suspensão teleológica da moralidade em si própria.
> Muito diferente é o caso de Abraão. Por meio do seu ato ultrapassou todo o estádio moral; tem para além disso um *telos* perante o qual suspende esse estádio.[69]

À Divindade, que consiste em uma

---

[68] "O conteúdo moral objetivo, na medida em que se reflete no caráter individual pela natureza determinado, e, como tal, *a virtude que, na medida em que nada mostra além da adaptação do indivíduo ao dever da condição em que se encontra, é a probidade.*" (Hegel, 1997, § 150, p. 145, grifos meus)

[69] Kierkegaard, 1979c, p. 144.

personificação da moral social e permanece relegada às fronteiras da instância do *geral* e com cujo "Deus" o indivíduo estabelece uma "relação" baseada nos valores, práticas e condutas religiosas institucionalizadas, a experiência de Abraão impõe uma relação com o Absoluto que escapa a qualquer tipo de mediação na medida em que a sua atitude determina a relação do finito com o *geral* por intermédio de sua relação com o Infinito através de um *dever absoluto*. Haja vista a sua condição inalcançável no tocante ao ético como momento de transição, tal construção encerra o rompimento com a finitude através de uma cisão que pressupõe a definição dos limites da sua própria finitude como singularidade na produção de si, constituindo-se o salto qualitativo a única possibilidade de realização da transposição do *geral* para a dimensão do religioso em um movimento que traz o *universal* como fim último da particularidade e o detentor da sua forma necessária.

Abraão e a fé como princípio do *novo ser* e do *novo modo de existência*
Luiz Carlos Mariano da Rosa

Se a ética emerge através de um movimento que implica a cisão entre a particularidade e a universalidade nas fronteiras constitutivas da sociedade em um processo que acena com a determinação dos limites e simultaneamente com a possibilidade de sua superação na produção de si, diante de um universal que emerge como uma forma necessária da particularidade na medida em que nesta relação a mediação impõe-se como autônoma e condicionante, sacrificar o filho deve consistir não apenas em um objeto de repúdio mas se não antes em um objeto de resistência ou deliberação. Dessa forma, a própria cogitação concernente à prática se torna irracional ou ilógica, produto de uma natureza incapaz de universalidade em um movimento que guarda raízes em uma espécie de ser abstrato que porventura momentaneamente subsista independentemente do saber, haja vista as implicações do seu ato em sua totalidade em uma construção que, na instância do *geral*, pressupõe uma ação que esteja em consonância com o bem-estar, seja individual, seja na sua determinação universal.

Nesta perspectiva, se o fim da existência finita é alcançar o bem-estar e felicidade em suas determinações particulares e na sua universalidade em um processo que implica a satisfação do conteúdo do ser subjetivo natural, a experiência de Abraão converge para a "negação" deste conteúdo que, encerrando carências, tendências, paixões, opiniões, fantasias, etc., resulta do movimento da liberdade abstrata e formal da subjetividade, sobrepondo-se o *dever absoluto* que emerge da *relação absoluta com o Absoluto* a sua particularidade enquanto determinação de si do sujeito através da distinção que se lhe impõe na constituição da sua vontade natural e que tende, em última instância, à elevação de fim universal.

Abraão e a fé como princípio do *novo ser* e do *novo modo de existência*
Luiz Carlos Mariano da Rosa

II PARTE

ABRAÃO E A *RELAÇÃO ABSOLUTA COM O ABSOLUTO:* A FÉ EM VIRTUDE DO ABSURDO E A *SUSPENSÃO TELEOLÓGICA DO ÉTICO*

> O dever absoluto pode então levar à realização do que a moral proibiria, mas de forma alguma pode incitar o cavaleiro da fé a deixar de amar. É o que mostra Abraão. No momento em que quer sacrificar Isaac, a moral diz que ele o odeia. Mas se assim é realmente, pode estar seguro de que Deus lhe não pede esse sacrifício; com efeito Caim e Abraão não são idênticos. Este deve amar o filho com toda a sua alma; quando Deus lho pede, deve amá-lo se possível, ainda mais e é então somente que pode sacrificá-lo; porque este amor que dedica a Isaac é o que, pela sua posição paradoxal ao amor que tem por Deus, faz do seu ato um sacrifício. Mas a tribulação e a angústia do paradoxo fazem que Abraão não possa ser compreendido, de nenhuma forma, pelos homens. É somente no instante em que o seu ato está em contradição absoluta com o seu sentimento, que ele sacrifica Isaac.[70]

Se a determinação concreta da liberdade subjetiva guarda correspondência com a

---

[70] Kierkegaard, 1979c, p. 154.

possibilidade de que a ação contenha e realize o elemento da singularidade do sujeito em um movimento que possibilita a sua satisfação na medida em que um conteúdo particular encerra a condição de fim e alma determinante do ato, a disposição de Abraão no sentido de sacrificar o seu filho em holocausto caracteriza-se pela intenção de alcançar o Absoluto como "Ser-em-Si" em um processo que implica a *suspensão teleológica do ético* [71], na medida em que tende ao paradoxo absoluto envolvendo uma prática incompatível com a instauração da liberdade subjetiva e com a realização da singularidade na instância do *geral*. Dessa forma, a conduta de Abraão se contrapõe aos princípios da

---

[71] "A ética que é suspensa na história de Abraão é estritamente a ética racionalista, uma que não pode supor qualquer outra instância de valor ético superior ao julgamento do intelecto. Mas a história de Abraão fala-nos de um *telos* superior, uma instância mais elevada de valor ético à qual a razão tem que se submeter humildemente. Esta humilhação da razão humana é o que Johannes chama absurdo. A fé em virtude do absurdo apresenta o indivíduo à presença desse *telos* superior, esta instância superior de valor ético, que pode ser melhor descrita como obediência à vontade de deus." (Gouvêa, 2009, p. 239)

sua própria constituição enquanto indivíduo como tal, posto que, a despeito de si e do mundo ético-lógico que o perpassa, resolve levar a efeito o gesto absurdo que, em face da adjetivação, acena com consequências que escapam a qualquer tipo de apreensão em uma relação que implica a interioridade e se mantém sob a tensão entre existência e transcendência através de uma construção que assinala a necessidade de *tornar-se subjetivo*, haja vista que defende que a verdade consiste na *transformação do sujeito em si mesmo*[72].

---

[72] "El contenido de la libertad, considerado intelectualmente, es la verdad, *y la verdad hace al hombre libre*. Por eso precisamente es también *la verdad el acto de la libertad, en cuanto que ésta, em efecto, produce continuamente la verdad*. Como de suyo se comprende, no pienso ahora en el ingenioso descubrimiento de la novísima filosofia, la cual sabe que la necesidad del pensamiento es también su libertad, y precisamente por esto, cuando habla de la libertad del pensamiento sólo habla del movimiento inmanente del pensamiento eterno. Estas ingeniosas teorías sólo sirven para enmarañar y dificultar la comunicación entre los hombres. Lo que yo digo es algo muy simple y sencillo: que *la verdad sólo existe para el individuo cuando él mismo la produce actuando*. (Kierkegaard, 1982, p. 163, grifos meus)

> Acreditou no absurdo, por que tal não faz parte do humano cálculo. O absurdo consiste em que Deus, pedindo-lhe o sacrifício, devia revogar a sua exigência no instante seguinte. Trepou a montanha e no momento em que a faca faiscava, acreditou que Deus não lhe exigiria Isaac. Então, seguramente, surpreendeu-o o desenlace, mas já então também havia por um duplo movimento recobrado o seu primitivo estado, e foi por isso que recebeu Isaac com a mesma alegria que sentira pela primeira vez.[73]

Longe de consistir em um arcabouço de ideias e conceitos, valores, práticas e condutas que, totalizando o conteúdo da verdade objetiva, demanda um assentimento de juízo baseado em uma relação de caráter estático, a fé, conforme defende Silentio/Kierkegaard em *Temor e Tremor*, perfaz um movimento cuja realização guarda correspondência com o paradoxal na medida em que converge para as fronteiras que encerram a paixão infinita da interioridade e a incerteza objetiva em um processo que implica uma disposição no sentido de alcançar o além do *finito* através de uma dinâmica que não envolve, contudo, a sua perda mas antes carrega a

---

[73] Kierkegaard, 1979c, p. 270.

possibilidade da sua constante conquista, tendo em vista que "depois de ter efetuado os movimentos do infinito, cumpre o finito"[74].

Estabelecendo a distinção entre fé (humana) e amor (divino) em um processo descritivo que envolve a sua própria experiência como *existente singular*, Silentio/Kierkegaard reconhece a sua incapacidade de corresponder à fé como *relação absoluta com o Absoluto* através de um movimento que encerra o *paradoxo absoluto* na medida em que identifica a sua condição de acomodação na instância do *geral* em um *modus vivendi* que guarda correspondência com a liberdade subjetiva e a realização da singularidade que o ético possibilita e que converge para uma alegria ou satisfação que não se compara com a alegria ou satisfação que emerge nas fronteiras de um acontecimento que implica a instauração de um *novo ser* e uma *nova existência*, visto que "com efeito, o desejo de ser algo de

---

[74] Kierkegaard, 1979c, p. 130.

particular não se adequa ao universal em si e para si. *Só na exceção se encontra a consciência da singularidade*"75.

Nesta perspectiva, caracterizando-se como racional, a resignação consiste em um movimento que precede a fé e implica a renúncia em uma construção que a encerra como condição para o seu exercício, na medida em que Abraão desiste voluntariamente do finito que Isaque representa no processo que envolve a obediência à ordem de Deus para sacrificá-lo e que converge para o salto qualitativo que emerge através da fé e culmina na transposição do abismo que separa o ético e o religioso. Tal experiência existencial possibilita ao patriarca hebreu se sobrepor à instância do *geral* e à sua mediação em um ato baseado no absurdo que, por tal condição, constitui-se um paradoxo irredutível, o qual, longe de acenar com a irracionalidade da fé, assinala a sua natureza, divina,

---

[75] Hegel, 1997, §150, p. 145, grifos meus.

e o fundamento no âmbito do qual mantém raízes, qual seja, Deus, guardando correspondência com a possibilidade de transcendência em uma manifestação que desde a subjetividade do indivíduo instaura uma *relação absoluta com o Absoluto* e o *dever absoluto* que pressupõe, na medida em que o Cavaleiro da Fé

> converte em resignação infinita a profunda melancolia da vida; conhece a felicidade do infinito; experimentou a dor da total renúncia àquilo que mais ama no mundo – e, no entanto, saboreia o finito com tão pleno prazer como se nada tivesse conhecido de melhor, não mostra indício de sofrer inquietação ou temor, diverte-se com uma tal tranquilidade, que, parece, nada há de mais certo do que esse mundo finito. E, no entanto, toda essa representação do mundo que ele figura é a nova criação do absurdo. Resignou-se infinitamente a tudo para tudo recuperar pelo absurdo.[76]

Subestimando a alegria, a felicidade e o contentamento que resultam de sua existência singular relegada ao *ético* em relação à "bem-aventurança" implicada na fé, Silentio/Kierkegaard impõe ao movimento que a perfaz enquanto tal a

---

[76] Kierkegaard, 1979c, p. 132.

noção de uma relação envolvendo o Absoluto que encerra uma capacidade de resignação que guarda raízes na disposição do sujeito em seu mundo finito de "entregar" tudo o que se lhe diz respeito a Deus em um processo que envolve a paixão infinita da interioridade e a incerteza objetiva e que converge para atribuir à verdade caráter existencial na medida em que acena com a tensão inaplacável entre existência e transcendência, que assinala a insuficiência da *verdade objetiva*[77] e demanda *a verdade subjetiva*[78] *enquanto tornar-se si mesmo*[79].

---

[77] Conforme esclarece Jaspers, que afirma: "Lo que yo puedo demostrar no necesito creerlo. Cuando busco el contenido de la creencia como una certeza objetiva es que ya he perdido mi creencia. Pero si tampoco tiene sentido querer demostrar racionalmente la creencia, sí lo tiene desarrollarla racionalmente en pensamientos y hacerla clara a la, conciencia. Esta racionalidad esta unicamente sometida en sí y en la consecuencia a la forma general racional. El sujeto pensante conoce lo que es la verdad auténtica para él como su creencia." (Jaspers, 1958, p. 347)

[78] Eis o esclarecimento de Climacus/Kierkegaard: "Quando surge a questão da verdade para o espírito existente *qua* espírito existente, aquela reduplicação abstrata da verdade reaparece; mas a própria existência, a própria existência no inquiridor, que por certo existe, mantém os dois momentos

apartados um do outro, e a reflexão mostra duas relações. Para a reflexão objetiva, a verdade se torna algo objetivo, um objeto, e aí se trata de abstrair o sujeito; *para a reflexão subjetiva, a verdade se torna apropriação, a interioridade, a subjetividade, e aí se trata justamente de, existindo, aprofundar-se na subjetividade.*" (Kierkegaard, 2013b, p. 202, grifos meus)

79 "A novidade introduzida por Kierkegaard em relação à compreensão e classificação da verdade no âmbito filosófico é original, *uma vez que a verdade deixa de ser um fundamento lógico e adquire o estatuto da apropriação existencial e relacional*. Existencial, pois é o indivíduo singular que a reduplica no movimento de concretizar a si mesmo, por isso a tese de que a verdade só existe se ela faz vida no interior de quem, agindo, a produz. E relacional, porque substancialmente a verdade, na ótica do pensador dinamarquês, é Jesus Cristo encarnado na mais profunda subjetividade (a fé é uma determinação da subjetividade) do existente e que se deixa apropriar mediante a relação e unicamente através da relação." (Almeida; Valls, 2007, p. 56, grifos meus)

Abraão e a fé como princípio do *novo ser* e do *novo modo de existência*
Luiz Carlos Mariano da Rosa

CAPÍTULO 3[80]

ABRAÃO E A VERDADE EXISTENCIAL SEGUNDO A PERSPECTIVA TEOLÓGICO-FILOSÓFICA

No Capítulo 3 o trabalho, baseado em Buswell Jr. (2005), Jaspers (1958), Kierkegaard (2013), Le Blanc (2003) e Mariano Da Rosa (2018), assinala,

---

[80] O referido capítulo é constituído por trechos que integram o conteúdo publicado em forma de artigo, sob o título *Abraão e a espiritualidade individual como base da existência autêntica em Kierkegaard: da fé como relação absoluta com o Absoluto à fé como a encarnação do absoluto no Deus-Homem Jesus Cristo*, em **Teoliterária - Revista de Literaturas e Teologias [PUC-SP]**, ISSN: 2236-9937, v. 8, n. 18, p. 443-482, jun./dez. 2019, São Paulo – SP, Brasil, e sob o título *Abraão e a fé paradigmática: da relação absoluta com o Absoluto à encarnação do Absoluto no Deus-Homem Jesus Cristo*, pela **Revista Eletrônica Espaço Teológico / REVELETEO [PUC-SP]**, ISSN: 2177-952X, v. 13, n. 23, p. 13-37, jan./jun. 2019, São Paulo – SP, Brasil, e sob o título *Abraão e a fé protótipica: da fé como paradoxo absoluto à fé como encarnação do Absoluto no Deus-Homem Jesus Cristo*, em **PLURA, Revista de Estudos de Religião / Journal for the Study of Religion [ABHR - Associação Brasileira De História Das Religiões]**, ISSN: 2179-0019, v. 9, n. 2, p. 162-184, jul./dez. 2018.

por intermédio do viés teológico-filosófico, que, passível de descrição e irredutível à reprodução, pressuposta na exposição da verdade objetiva como objeto de ensino[81], a fé como movimento envolvendo o finito e o infinito se sobrepõe à condição de um substituto do saber na ausência de certeza, como também à opção racional assumida quanto ao futuro ou ao porvir mas consiste em um desafio do *existente singular* que em estado de desespero não alcança a solução geral que à instância do ético está relegada, na medida em que não pertence à dimensão das normas morais, convergindo para as fronteiras que encerram não tão somente o absurdo enquanto tal senão a sua realização.

Nesta perspectiva, a pesquisa salienta que,

---

[81] Tendo em vista que, conforme assinala Climacus/Kierkegaard, "a fé não resulta de uma deliberação científica direta, nem chega diretamente; ao contrário, perde-se nessa objetividade aquela atitude de interesse infinito, pessoal e apaixonado, que é a condição da fé, o *ubique et nusquam* [lat.: por toda parte e em nenhum lugar] através da qual a fé pode nascer." (Kierkegaard, 2013b, p. 35)

convergindo a decisão da vontade para a *relação absoluta com o Absoluto*, é o *dever absoluto* que se sobrepõe à instância do *geral* e ao mundo ético-lógico que o perfaz e emerge como fundamento em um processo que converge para o princípio da espiritualidade individual que, por esse motivo, torna Deus um sujeito para o homem em sua interioridade através de um movimento que implica a *consciência da singularidade* e atribui ao "ser-em-situação" enquanto indivíduo concreto [82] a condição ora designada como Exceção, Único, Singular e Solitário[83].

---

[82] Tendo em vista que, conforme esclarece Charles Le Blanc, "entre os homens, prevalece o Indivíduo: a espécie não decide por ele, o Indivíduo deve decidir por sua conta, sem escapatória. O homem não tem, portanto, uma existência especulativa, mas concreta, e é no confronto com os possíveis que ele dá forma à sua singularidade." (Blanc, 2003, p. 50)

[83] Na medida em que "um cavaleiro da fé não pode de maneira alguma socorrer um outro. Ou o Indivíduo se transforma em cavaleiro da fé, carregando ele mesmo o paradoxo, ou nunca chega realmente a sê-lo. Nessas regiões, não se pode pensar em ir acompanhado. O Indivíduo nunca pode receber, senão de si próprio, a explicação aprofundada do que é necessário entender-se por Isaac." (Kierkegaard, 1979c, p. 150)

Dessa forma, o texto mostra que, instaurando uma *nova experiência existencial*, a fé de Abraão, como *relação absoluta com o Absoluto*, ou seja, como um exercício que implica a *suspensão teleológica do ético*, encerra a condição de um processo que estabelece a identidade entre o finito e o infinito, o "ser-em-situação" e o Transcendente, o temporal e o Eterno, consistindo em um movimento que possibilita que o sujeito *transforme-se em si mesmo* através de uma construção que converge para a espiritualidade individual como pressuposto de uma existência autêntica.

I PARTE

A FÉ COMO *RELAÇÃO ABSOLUTA COM O ABSOLUTO* E A ESPIRITUALIDADE INDIVIDUAL COMO BASE DA EXISTÊNCIA AUTÊNTICA

À ordem de Deus para o sacrifício de Isaque impõe-se a mensagem do anjo do Senhor que impede a concretização do ato em um processo que implica uma aparente mutabilidade e perfaz uma condição incompatível com a perfeição que caracteriza o Ser Supremo como tal, convergindo o movimento da *relação absoluta com o Absoluto* para as fronteiras que encerram um caráter pedagógico, na medida em que assinala a necessidade última do sacrifício do homem por si mesmo como uma prática insuficiente que requer a sua substituição pela oferta de uma vítima voluntária perfeita, a saber, que corresponda às exigências ético-lógicas da Divindade[84].

---

[84] Tendo em vista que "la intención del relato es mostrar que

Nessa perspectiva, se o sacrifício encerra o paradoxo absoluto envolvendo bem e mal em sua radicalidade na medida em que converge para as fronteiras que correlacionam vida e morte, a possibilidade de uma exigência ético-lógica da Divindade concernente ao sacrifício em holocausto de uma vida humana tende a colocar em questão os atributos que correspondem a sua condição de *bem absoluto* em função da preeminência da sua reivindicação de justiça diante da finitude humana e das limitações próprias da sua natureza em um processo que, dessa forma, torna impossível a satisfação do Absoluto na relação entre o *existente singular* e o *Transcendente.*

Considerando o paradoxo envolvendo a "ordem" de Deus no sentido de reivindicar o sacrifício em holocausto da vida de Isaque e a sua

---

dios estaba enseñando a Abraham la maldad del sacrificio humano y guiándole a un entendimiento del sacrificio substitutivo que Dios mismo haría en el calvario." (Buswell Jr., 2005, p. 37)

natureza, uma possibilidade de fundamentação da "prova" de Abraão guarda correspondência com a prática religiosa institucionalizada no contexto histórico-cultural do patriarca[85], que demanda tal sacrifício em relação à Divindade em um processo que converge para a emergência de uma deficiência no que tange à fé que professa no Absoluto, o que implica a questão acerca da sua capacidade de crer e o desafio da superação de si em um movimento que tende à objetivação do conteúdo que, mantendo-se irredutível a um assentimento de juízo ou a um exercício intelectual - e escapando também às fronteiras de uma ação mecânica destituída de

---

[85] "O sacrifício humano era frequentemente praticado em uma tentativa de aplacar um deus que, segundo acreditavam, estava demonstrando sua ira através de uma provação particular ou de um perigo. Como era praticado tanto pelos cananeus (Sl 106.37,38) como pelos seus vizinhos imediatos, ele foi especificamente mencionado e proibido pela Lei de Moisés (Lv 18.21; 20.2-5; Dt 18.10). Um terrível exemplo dessa prática foi dado em 2 Reis 3.27 quando, durante um cerco, Mesa, Rei de Moabe, sacrificou seu filho mais velho - e aparentemente o herdeiro do trono – sobre os muros da cidade como um uma oferta queimada. Israel e seus aliados retiraram-se cheios de horror." (Pfeiffer; Vos; Rea, 2007, p. 1721)

sentido como produto estereotipado de uma construção litúrgico-ritualística -, perfaz não menos do que uma *verdade existencial*[86], que pela sua condição exige que o sujeito assuma qualquer risco em função da sua *realidade.*

> Puede suponerse que Dios le permitió a Abraham razonar para sí: «¿Confío yo en Jehová tanto como los paganos confían en sus ídolos?» Este pensamiento habría constituido una «prueba» del Señor. La Escritura dice: «Probó Dios a Abraham» (la palabra hebrea para «probar» es nasah). Suponiendo que esta interpretación pueda ser correcta, nosotros en nuestra manera moderna de hablar diríamos más bien: «El Señor permitió a Abraham ser probado». Sin embargo, es un hecho que los escritores de la Escritura hablan de Dios como haciendo cosas que él permite, sin distinguir verbalmente entre su acción directa y su acción permisiva.[87]

Longe de reduzir-se à capacidade de crer na transcendência do poder do Ser Supremo em face das limitações da finitude humana, conforme

---

[86] Haja vista que, conforme comenta Le Blanc, "o viajante é assaltado por dúvidas, repete incessantemente para si mesmo os termos da mensagem do senhor, *experimenta a verdade*. Pergunta a si mesmo se enlouqueceu e, quando a sombra da montanha fatídica o recobre, parece congelá-lo até a alma" (Le Blanc, 2003, p. 72, grifos meus).

[87] Buswell Jr., 2005, p. 36.

demonstrado no caso da gestação de Isaque em um processo que envolve as determinações da esterilidade de Sara e da incapacidade etária de ambos, a fé de Abraão converge para um desafio que demanda a construção não de uma noção ou concepção de Divindade senão de uma relação que seja capaz de se sobrepor à vida e à morte, não se circunscrevendo à satisfação de uma necessidade objetiva mas transpondo as fronteiras do mundo ético-lógico do "ser-em-situação" na medida em que o seu caráter absoluto o exige.

> Ao terceiro dia, erguendo Abraão os olhos, viu o lugar de longe. Então, disse a seus servos: *Esperai aqui, com o jumento; eu e o rapaz iremos até lá e, havendo adorado, voltaremos para junto de vós.* Tomou Abraão a lenha do holocausto e a colocou sobre Isaque, seu filho; ele, porém, levava nas mãos o fogo e o cutelo. Assim, caminhavam ambos juntos. Quando Isaque disse a Abraão, seu pai: Meu pai! Respondeu Abraão: Eis-me aqui, meu filho! Perguntou-lhe Isaque: Eis o fogo e a lenha, mas onde está o cordeiro para o holocausto? Respondeu Abraão: *Deus proverá para si, meu filho, o cordeiro para o holocausto; e seguiam ambos juntos.*[88]

---

[88] Bíblia de Estudo de Genebra, Gn. 22, 4-8, 1999, p. 40.

Submetida ao desafio imposto no sentido de uma "ordem" divina, a fé de Abraão desenvolve um conteúdo que enquanto *verdade existencial* implica a capacidade de crer na ressurreição tendo em vista a sua disposição de sacrificar Isaque em holocausto em um movimento que encerra a sua confiança absoluta no cumprimento da promessa envolvendo a sua descendência e a herança de Canaã, convergindo para um exercício que implica perseverança na medida em que ao patriarca hebreu coube se sobrepor à deficiência atrelada ao seu ser finito em sua condição de imperfeição [89], enfrentando o referido complexo circunstancial paradoxal e contraditório através da superação da angústia, da aflição e do sofrimento imbricado em um processo que encerra a possibilidade de dúvida em relação a

---

[89] Razão pela qual, segundo Le Blanc, "a condição do crente não é uma condição de bem-estar e felicidade, e sim uma *condição de incerteza, de temor e tremor*, condição incrementada ainda mais pelo isolamento e pela contradição que existe entre ele e o mundo" (Le Blanc, 2003, p. 73, grifos meus).

Deus e a Sua palavra. Conclusão:

> En esta prueba la fe de Abraham incluía no solamente fe en la resurrección (Heb 11.17-19; cf. Rom. 4:17ss) sino también, como indican las palabras de Abraham, 'Dios se proveerá de cordero para el holocausto, hijo mío', fe en que Dios de alguna manera proveería un sacrificio substitutivo."[90]

Nesta perspectiva, a disposição de Abraão em sacrificar o seu filho, Isaque, em holocausto a Deus encerra um processo que envolve a necessidade da construção de uma fé que implica a possibilidade de ressurreição, haja vista que a concretização do ato culminaria na inviabilidade do cumprimento da promessa de uma descendência que herdaria Canaã[91], convergindo para uma situação paradoxal

---

[90] Buswell Jr., 2005, p. 37.

[91] Cabe salientar que nem Eliézer, o servo de Abraão, nem Ismael, o filho que teve com Hagar, possibilitaria o cumprimento da promessa na medida em que esta estava relacionada à Sara e ao filho que ela, a despeito de sua esterilidade, geraria. "Deus lhe respondeu: de fato, Sara, tua mulher, te dará um filho, e lhe chamarás Isaque; estabelecerei com ele a minha aliança, aliança perpétua para a sua descendência." (Bíblia de Estudo de Genebra, Gn. 17, 19, 1999, p. 35)

que demanda a capacidade de crer que, após a consumação do sacrifício, Javé ressuscitaria Isaque em um movimento que caracteriza o Seu poder como absoluto[92].

> Pela fé, Abraão, quando posto à prova, ofereceu Isaque; estava mesmo para sacrificar o seu unigênito aquele que acolheu alegremente as promessas, a quem se tinha dito: Em Isaque será chamada a tua descendência; porque considerou que Deus era poderoso até para ressuscitá-lo dentre os mortos, de onde também, figuradamente, o recobrou.[93]

A provisão divina de um cordeiro para o holocausto, eis o conteúdo da fé de Abraão em um movimento no qual o patriarca encerra o conhecimento da condição de Isaque como *filho da*

---

[92] Nesta perspectiva, convém salientar o caráter simbólico da ressurreição de Isaque no fim do processo que culminaria no sacrifício de sua vida em holocausto, haja vista que a sua substituição pelo carneiro implica a intervenção de deus no sentido de providenciar a salvação em um processo que demanda uma oferta capaz de atender às exigências ético-lógicas divinas cuja possibilidade de concretização circunscreve-se às fronteiras da perfeição do "Ser-em-Si", correspondente à própria divindade, razão pela qual apenas o seu filho, *Deus-Homem* Jesus Cristo, pôde cumpri-lo.

[93] Bíblia de Estudo de Genebra, Hb. 11, 17-19, p. 1479.

promessa e veículo da descendência que herdaria Canaã, o que implica a possibilidade acerca de uma intervenção sobrenatural compatível com a gestação de seu filho através de Sara, convergindo para uma relação baseada no poder absoluto do Ser Supremo através de uma capacidade de crer que chega a evocar um sacrifício substitutivo em um processo que acena com a necessidade do sacrifício vicário do próprio Deus, Jesus Cristo, o *Deus-Homem*, em função da salvação do homem[94].

---

[94] "Ele foi oprimido e humilhado, mas não abriu a boca; como cordeiro foi levado ao matadouro; e, como ovelha muda perante os seus tosquiadores, ele não abriu a boca" (Bíblia de Estudo de Genebra, Is. 53,7, 1999, p. 845-846). Baseado provavelmente neste versículo de Isaías, João Batista, a despeito da perspectiva que mantém em relação ao Messias como juiz cuja missão envolve um grande processo de purificação, atribui a Jesus a condição de cordeiro, exposta também em profecia por Jeremias, que afirma: "Eu era como manso cordeiro, que é levado ao matadouro; porque eu não sabia que tramavam projetos contra mim, dizendo: Destruamos a árvore com seu fruto; a ele cortemo-lo da terra dos viventes, e não haja mais memória do seu nome" (Bíblia de Estudo de Genebra, Jr. 11,19, 1999, p. 874). Dessa forma, embora aparentemente assinale uma mensagem profética da morte expiatória de Jesus, o testemunho de João Batista encerra a noção de um símbolo de pureza e inocência em um processo que implica a remoção do

Nesta perspectiva, a fé prototípica de Abraão converge para a construção de um acontecimento que guarda capacidade de funcionar como a matriz simbólica do drama da redenção da humanidade na medida em que se o patriarca hebreu protagoniza o papel que ao Pai Celestial caberá no ato de oferecimento do Seu próprio Filho em sacrifício, Isaque demonstra disposição de obedecer até a morte, tal como Jesus Cristo que, embora na condição de Deus-Homem, submete-se até o fim ao propósito de Deus-Pai, que demanda a sua crucificação para a remissão dos pecados e para a salvação de todo aquele que crê.

Dessa forma, configurando a aparição do carneiro um gesto salvífico de Deus no sentido de prover o sacrifício substitutivo de um cordeiro inocente em função do resgate do gênero humano, o processo que envolve o ato de Abraão prenuncia a morte e a ressurreição do Filho de Deus como eventos que expressam loucura e sabedoria de Deus na medida em que culmina na restauração da vida de Isaque em um movimento que encerra a sua "devolução" no clímax do ritual do sacrifício no Monte Moriá e acena com o Gólgota e a Ascensão de Cristo e a sua entronização junto ao Pai Celestial até o cumprimento da promessa de Deus ao patriarca hebreu, que implica o princípio da fé e demanda o seu exercício em relação ao Filho de Deus como Salvador através de um movimento que encerra a obediência irrestrita à Deus-Pai e ao plano de redenção da humanidade.[95]

---

pecado do mundo e o estabelecimento do reino de justiça: "No dia seguinte, viu João [Batista] a Jesus, que vinha para ele, e disse: Eis o Cordeiro de Deus, que tira o pecado do mundo!" (Bíblia de Estudo de Genebra, Jo. 1, 29, 1999, p. 1230)

[95] Mariano Da Rosa, 2018a, p. 161-162.

Providenciando o cordeiro para o holocausto pré-determinado no Monte Moriá, Deus acena com um gesto salvífico no clímax do processo, impedindo Abraão de imolar o filho e concretizar o sacrifício em um movimento que culmina na manifestação de aprovação divina em face de um ato que implica a objetivação da fé através de um processo de exteriorização que converge para uma obediência incondicional baseada em um *dever absoluto* que, longe de consistir no cumprimento formal de uma norma ou regra emanada pelo Ser Supremo, demanda o envolvimento do homem em sua totalidade constitutiva. Tal relação, em última instância, sobrepondo-se à promessa referente a sua descendência e a exterioridade, tende a guardar correspondência com a interioridade e o próprio Deus como conteúdo pessoal, na medida em que "Deus é sujeito e, por conseguinte, só é para a subjetividade na interioridade"[96], convergindo para

---

[96] Kierkegaard, 2013b, p. 211.

uma construção que encerra a identificação entre a Divindade e a subjetividade e torna o amor[97] a base da reciprocidade entre *finito* e *infinito* em uma composição que transforma o *sujeito em si mesmo*.

Convergindo para a *suspensão teleológica do ético*, o *dever absoluto* que emerge da experiência existencial de Abraão o sobrepõe ao *geral* e ao seu arcabouço de normas éticas interindividuais institucionalizadas em um processo que caracteriza o *geral* como "absoluto" e divino, se lhe atribuindo a função de mediação, o que implica que o ato do patriarca hebreu transcende o sistema ético-lógico existente e se mantém para além do ético através do paradoxo da fé que, irredutível à mediação do *geral*, consiste na certeza subjetiva e na paixão da

---

[97] "A vida oculta do amor está no mais íntimo, insondável, e aí então numa conexão insondável com toda a existência. Assim como o lago tranquilo mergulha profundamente no manancial oculto, que nenhum olhar jamais viu, assim também se funda o amor de um homem, ainda mais profundamente, no amor de Deus. Se no fundo não houvesse um manancial, se Deus não fosse amor, então não existiria o pequeno lago, e absolutamente nenhum amor de um ser humano." (Kierkegaard, 2013a, p. 24)

interioridade em um movimento que escapa à razão e envolve, por intermédio de um relacionamento consigo mesmo em sua subjetividade baseado em uma resignação infinita, a instauração de uma *relação absoluta com o Absoluto* em uma construção que assinala uma inevitável ruptura com o mundo histórico-cultural e as categorias morais que o determinam como tal.

Nesta perspectiva, situando o homem em sua concreticidade histórico-cultural para *além do bem e do mal, tornar-se si mesmo* implica *liberdade consciente* em um processo que encerra a fé como a unidade substancial do *finito* e do *infinito* e converge para a espiritualidade individual que caracteriza a existência autêntica na medida em que capacita o sujeito a assumir o desafio da *relação absoluta com o Absoluto* em um movimento que tende ao *Transcendente* e implica não a perda da imanência mas a instauração de *sentido* do Eterno em uma construção que sobrepuja a verdade especulativa do mundo ético-lógico em nome da *verdade existencial* que a experiência com o *Logos divino* possibilita.

II PARTE

A VERDADE E A APROPRIAÇÃO EXISTENCIAL E RELACIONAL NA PAIXÃO INFINITA DA INTERIORIDADE

> Um acontecimento que guarda possibilidade de emergir como fundamento da existência humana em sua concreticidade histórico-cultural no sentido que implica os seus limites, quais sejam, tanto a vida como a morte, eis o que se impõe à verdade, segundo a concepção de Kierkegaard, que atribui à experiência de sua *apropriação* a condição que envolve a *paixão da interioridade* em um processo que encerra a necessidade de superação do desespero diante da *incerteza objetiva* na medida em que assinala que existir não se reduz a um objeto de saber mas consiste em tomar consciência da sua existência em um movimento que abrange simultaneamente a eternidade e o "devir".[98]

Carregando uma natureza paradoxal em um processo que encerra a incorrespondência envolvendo pensamento e realidade, a verdade não consiste em uma construção ou realidade passível de relação através do processo que implica o pensamento discursivo e conceitual, convergindo

---

[98] Mariano Da Rosa, 2018b, p. 16, grifos do autor.

para as fronteiras da vivência através de uma experiência subjetiva em um movimento da interioridade que instaura a apropriação da verdade e a sua transformação em intraverdade. A verdade é subjetividade, eis o que se impõe como paradoxo, tendo em vista a correlação envolvendo o existente singular e a sua cognição, que encerra um determinado contexto geográfico e cronológico, e a verdade eterna em um movimento que implica a irremediável oposição entre a interioridade do sujeito e a objetividade.

Sobrepondo o existente enquanto existente humano à existência, Kierkegaard atribui a condição de verdade a sua subjetividade, que encerra, em suma, a verdadeira liberdade que implica escolha e decisão, convergindo para as fronteiras que envolvem a apropriação existencial e relacional em detrimento do caráter de fundamento lógico em um processo que, no que tange a uma forma de vida e as possibilidades que se lhe estão imbricadas, escapa à compreensão, tendo em vista a impossibilidade da sujeição do existente singular ao pensamento e à vida própria das ideias e aos seus conceitos lógico-racionais.

> O máximo da interioridade num sujeito existente é paixão; à paixão corresponde a verdade como um paradoxo, e que a verdade se torne um paradoxo é algo que está fundamentado justamente na relação da verdade para com um sujeito existente. Dessa maneira, uma corresponde à outra. Ao esquecer que se é sujeito existente, a paixão se esvai, e a verdade, em compensação, não se torna paradoxal; mas o sujeito cognoscente deixa de ser um homem para se tornar algo fantástico, e a verdade se torna um objeto fantástico para o seu conhecimento.[99]

Se a *paixão do pensamento* consiste no paradoxo em uma construção que se lhe atribui a condição de *habitat* do homem, haja vista a sua fundação nas fronteiras que implicam a violação das leis formais e dos princípios do processo de reflexão e das regras das operações intelectuais e do sistema lógico, a saber, o âmbito do absurdo, a possibilidade de superação da incompatibilidade em relação à

---

[99] Kierkegaard, 2013b, p. 210.

razão converge para a fé.

Constituindo-se um salto além do ético, a fé consiste em uma relação que transcende o *geral* (ou *universal*), sobrepondo-se à ética racionalista e ao sistema idealista e aos seus valores, práticas e condutas em um movimento que converge para uma *relação absoluta com o Absoluto* e implica o exercício de crer no absurdo enquanto objeto que escapa às fronteiras da razão em um processo que atribui a sua lógica incapacidade de fundar uma explicação ou uma justificação correspondente, na medida em que tal esforço, uma vez concretizado, segundo os princípios da racionalidade, culminaria na própria desconstrução da fé como tal, haja vista que a imposição de conteúdos lógico-racionais em seu movimento tende a esvaziá-la do sentido que a torna *o que é*, a saber, um fenômeno irredutível à especulação e ao assentimento intelectual que a *verdade objetiva* pressupõe como conhecimento científico-racional.

> O existente que escolhe o caminho subjetivo, no mesmo instante apreende essa dificuldade dialética: vai precisar de algum tempo, talvez de um longo tempo, para encontrar Deus objetivamente; ele apreende essa dificuldade dialética em toda sua dor, porque vai precisar de Deus no mesmo instante, porque é desperdiçado cada instante em que ele não tem Deus. No mesmo instante, ele tem Deus, não em virtude de qualquer consideração objetiva, mas em virtude da paixão infinita da interioridade.[100]

Sobrepondo-se ao caráter objetivo que encerra em suas fronteiras desde uma investigação histórica até um exercício especulativo, a verdade que emerge do cristianismo guarda correspondência com a subjetividade e o movimento que implica a condição-limite da interioridade e que consiste no interesse envolvendo a felicidade eterna em um processo que dialoga com a infinitude e demanda uma relação que, circunscrita à dimensão da pessoalidade, traz como fundamento a paixão em uma construção baseada na incerteza objetiva.

Se a condição do homem em sua individualidade concreta e subjetividade empírica em

---

[100] Kierkegaard, 2013b, p. 211.

sua relação com o Absoluto diante do mundo caracteriza-se pela contradição não é senão pelo sentido existencial da verdade em um processo que encerra o ser como ser empírico e converge para as fronteiras do devir, na medida em que ambos, a verdade e o existente singular, escapam à égide de um objeto, coisa ou construção acabada em si, sobrepondo-se à abstração que estabelece a concordância entre pensar e ser através de um movimento tautológico que permanece reduzido à reduplicação abstrata da verdade em um processo que tende à distinção envolvendo reflexão objetiva e reflexão subjetiva, que implica uma construção na qual se a reflexão objetiva torna a verdade um objeto a reflexão subjetiva demanda a sua manifestação como interioridade, haja vista que a sua constituição como tal emerge na apropriação da subjetividade, consistindo nela mesma – e isto nos dois aspectos, a saber, concernente a si própria e concernente à subjetividade.

Abraão e a fé como princípio do *novo ser* e do *novo modo de existência*

Luiz Carlos Mariano da Rosa

Pressupondo resignação, a fé se sobrepõe ao sentido que envolve um instinto imediato do coração, transpondo as fronteiras do estádio estético e do impulso que o caracteriza, consistindo em um paradoxo da vida através de um movimento que se impõe ao estádio ético em um processo que encerra a relação com o Absoluto através da instauração de uma experiência existencial que implica a capacidade de suportar um sofrimento que escapa ao intelecto e ao sistema ético-lógico e que converge, desse modo, para as fronteiras da impossibilidade de sua apreensão. Dessa forma, correlacionando verdade e sofrimento, Silentio/Kierkegaard atribui à fé um aspecto negativo, na medida em que a sua experiência encerra dor, aflição e angústia em um exercício que implica renúncia em face da necessidade de manter fidelidade ao seu amor a Deus, amor no sentido que se lhe confere a condição que identifica a própria relação entre ambos, a saber, relação do indivíduo como tal com o Absoluto.

Nesta perspectiva, a correlação envolvendo fé e sofrimento encerra nas suas fronteiras um *pathos* existencial, na medida em que se a renúncia do *finito* em sua totalidade implica um processo que emerge do *ético* e guarda anterioridade concernente ao movimento da fé e tende ao exercício de uma desistência voluntária em função do objeto da sua máxima aspiração ou afeição em um processo que representa toda a temporalidade, a fé consiste em uma relação que se sobrepõe à mediação materializada pela instância do *ético* ou *geral* na construção da realidade ético-religiosa, histórico-cultural e econômico-social, convergindo para a instauração de uma *experiência existencial* baseada no *dever absoluto* e que traz como fundamento a *suspensão teleológica do ético* ou *geral*.

Consistindo em um processo que envolve uma imposição do mundo ético-lógico que perpassa e determina o contexto histórico-cultural do sujeito, a "prova" assinala a oposição do seu *modus vivendi* aos princípios do arcabouço de ideias e valores, práticas e condutas institucionalizadas, o que implica a necessidade de um movimento de atualização do conteúdo da relação instaurada com a Divindade que, condicionada pelo referido paradigma, tende a sobrepujá-la na medida em que Abraão inaugura uma *experiência existencial* que através do ato de fé produz a superação da condição mítico-religiosa e converge para a transposição do *homo religiosus* para as fronteiras que encerram a possibilidade de que o homem em sua concreticidade *torne-se si mesmo* em uma construção que guarda capacidade de estabelecer a unidade substancial do *finito* e do *infinito*, engendrando a *espiritualidade individual* e a existência autêntica[101].

---

[101] Na medida em que converge para um movimento que torna Deus o conteúdo da *consciência de si* e possibilita que o sujeito *transforme-se em si mesmo* através da construção que tende à unidade substancial entre *crer* e *ser*: "Cierto es que el contenido de una creencia toma al hacerse objetivo la forma de lo sabido, pero en lugar de ser valido para todo hombre, sólo existe comprometiendo el propio ser. La certidumbre de la creencia se arriesga a vivir sobre la lase de que lo esencial no puede ser

Se a *relação absoluta com o Absoluto* implica a condição-limite para o existente singular, a fé que a funda como tal e que encerra a transposição da mediação do *geral* pressupõe uma disposição para o sofrimento e a dor em um processo que converge para a necessidade envolvendo a obediência à vontade de Deus, contrapondo-se ao arcabouço de normas éticas interindividuais institucionalizadas e ao sistema lógico-racional que determina a existência histórico-cultural, como também à estrutura jurídico-legal e político-social, o que demanda, em suma, a negação de si como princípio do *novo ser* e do *novo modo de existência*.

---

demostrado, sino que sólo puede encontrar su confirmación, nunca válida objetivamente, en la experiencia de la propia confirmación del creyente." (Jaspers, 1958, p. 346-347)

Abraão e a fé como princípio do *novo ser* e do *novo modo de existência*
Luiz Carlos Mariano da Rosa

CAPÍTULO 4[102]

ABRAÃO E O SIGNIFICADO SOTERIOLÓGICO DA FÉ SEGUNDO A PERSPECTIVA BÍBLICO-TEOLÓGICA

Detendo-se no significado soteriológico da fé, a investigação, no Capítulo 4, baseado em Calvino (2006), Bultmann (2008), Eliade (1992), Gilles

---

[102] O referido capítulo é constituído por trechos que integram o conteúdo publicado em forma de artigo, sob o título *Abraão e a espiritualidade individual como base da existência autêntica em Kierkegaard: da fé como relação absoluta com o Absoluto à fé como a encarnação do Absoluto no Deus-Homem Jesus Cristo*, em **Teoliterária - Revista de Literaturas e Teologias [PUC-SP]**, ISSN: 2236-9937, v. 8, n. 18, p. 443-482, jun./dez. 2019, São Paulo – SP, Brasil, e sob o título *Abraão e a fé paradigmática: da relação absoluta com o Absoluto à encarnação do Absoluto no Deus-Homem Jesus Cristo*, pela **Revista Eletrônica Espaço Teológico / REVELETEO [PUC-SP]**, ISSN: 2177-952X, v. 13, n. 23, p. 13-37, jan./jun. 2019, São Paulo – SP, Brasil, e sob o título *Abraão e a fé prototípica: da fé como paradoxo absoluto à fé como encarnação do Absoluto no Deus-Homem Jesus Cristo*, em **PLURA, Revista de Estudos de Religião / Journal for the Study of Religion [ABHR - Associação Brasileira De História Das Religiões]**, ISSN: 2179-0019, v. 9, n. 2, p. 162-184, jul./dez. 2018.

(1971), House (2005), Kierkegaard (2009), Mariano Da Rosa (2018), Mcgrath (2005), Tillich (1982) e Williams (2011), assinala, por intermédio do viés bíblico-teológico, que a promessa de bênção envolvendo todas as nações e todos os povos, o mundo inteiro, não se mantém reduzida à descendência física de Abraão e a sua condição de pai dos israelitas, na medida em que é a fé como *relação absoluta com o Absoluto* que torna o patriarca hebreu o pai espiritual de todo aquele que crê em um processo que independe da nacionalidade e que implica a superação da Lei como força externa e a sua instituição como poder interior através de um movimento cuja possibilidade demanda a manifestação do *Deus-Homem* Jesus Cristo como a encarnação do *Lógos*, que perfaz um paradoxo absoluto e encerra a transformação do próprio *existente singular*.

Finalizando, o trabalho sublinha que tal experiência, que pressupõe a emergência de um *novo ser* e instaura um *novo modo de existência,* implica o exercício da fé, que encerra a possibilidade de transformação do imanente através da relação com o Transcendente em um processo que envolve a superação do determinismo natural e do terror incessante da história, convergindo para as fronteiras que envolvem a fruição de uma liberdade absoluta.

Abraão e a fé como princípio do *novo ser* e do *novo modo de existência*
Luiz Carlos Mariano da Rosa

Abraão e a fé como princípio do *novo ser* e do *novo modo de existência*
Luiz Carlos Mariano da Rosa

I PARTE

A FÉ COMO UMA EXPERIÊNCIA EXISTENCIAL DE INSTAURAÇÃO DE UM *NOVO SER* E DE UM *NOVO MODO DE EXISTÊNCIA*

Constituindo-se o sangue, no sentido de alma da carne, a vida, a sua oferta consistia no tipo primário de sacrifício, exigindo a morte de um animal[103], conforme procedimento adotado por Noé depois do dilúvio [104] e cujo simbolismo guarda correspondência com a intervenção divina para

---

[103] "Porque a vida da carne está no sangue. eu vo-lo tenho dado sobre o altar, para fazer expiação pela vossa alma, porquanto é o sangue que fará expiação em virtude da vida." (Bíblia de Estudo de Genebra, Lv 17.11, 1999, p. 148)

[104] "Levantou Noé um altar ao SENHOR e, tomando de animais limpos e de aves limpas, ofereceu holocaustos sobre o altar. E o Senhor aspirou no suave cheiro e disse consigo mesmo: não tornarei a amaldiçoar a terra por causa do homem, porque é mau o desígnio íntimo do homem desde a sua mocidade; nem tornarei a ferir todo vivente, como fiz. Enquanto durar a terra, não deixará de haver sementeira e ceifa, frio e calor, verão e inverno, dia e noite." (Bíblia de Estudo de Genebra, Gn 8,20-22, 1999, p. 21)

providenciar a vestimenta de peles [105] como um vestuário para Adão e Eva após a sua desobediência e a perda da inocência originária que implica o reconhecimento da nudez como consciência do estado de pecaminosidade da criatura diante de Deus na medida em que a cobertura [106] emerge como indício da exigência acerca de uma morte sacrificial que estabeleça a reconciliação entre o Criador e o homem [107], convergindo para uma relação que

---

[105] "Fez o SENHOR Deus vestimenta de peles para Adão e sua mulher e os vestiu." (Bíblia de Estudo de Genebra, Gn 3,21, 1999, p. 15). Dessa forma, convém sublinhar a observação de que "a provisão de Deus, fazendo-lhes vestimentas de peles, é o primeiro vestígio da exigência divina de uma vítima sacrificial que ofereça uma cobertura (propiciação: heb **caphar**) capaz de promover a reconciliação." (A Bíblia Vida Nova, 1995, p. 9, n.a.)

[106] "Quando Adão e Eva comeram do fruto, a morte espiritual e física veio sobre Adão e Eva e seus descendentes (Cf. Rm 5.12). Eles experimentaram a morte espiritual imediatamente, resultando em vergonha e na tentativa de cobrir a nudez (Gn 3.7). O pecado e/ou a presença da morte espiritual exigiu uma cobertura, mas a provisão do homem era inadequada; assim Deus fez uma cobertura perfeita na forma de um redentor prometido (Gn 3.15) e uma cobertura tipológica de peles de animais (Gn 3.21)." (Vine; Unger; White, 2002, p. 187)

[107] Nesta perspectiva, cabe recorrer à exposição de Alister Mcgrath acerca da morte sacrificial de Cristo, na medida em

que afirma que "para que a humanidade pudesse se reconciliar com Deus o mediador deveria sacrificar a si mesmo; sem esse sacrifício a reconciliação era impossível. Atanásio alega que o sacrifício de Cristo é superior sob vários aspectos aos sacrifícios exigidos pela antiga aliança:

Cristo oferece um sacrifício que é digno de confiança, de efeitos permanentes e de natureza infalível. Os sacrifícios oferecidos de acordo com a lei não eram confiáveis, uma vez que tinham de ser oferecidos todo dia, tendo em vista a constante necessidade de purificação. Em contraste, o sacrifício do salvador foi oferecido de uma vez por todas, tendo sido totalmente alcançado e sendo constantemente fidedigno.

Atanásio trabalha esta questão mais a fundo em sua obra *Epistolae Festales* [*Carta Festivais*], escritas anualmente na celebração da Festa da Páscoa. Atanásio fez uso dessas cartas para definir e explicar a visão cristã do sacrifício de Cristo na cruz. Em sua *VII Carta Festival* (escrita em 335), Atanásio explorou a idéia do sacrifício de Cristo em termos de sacrifício do cordeiro pascal:

[Cristo], sendo verdadeiramente da parte de Deus Pai, encarnou-se por nossa causa, para que pudesse oferecer a Si Mesmo em sacrifício ao Pai em nosso lugar e, dessa maneira, nos redimir por meio dessa oferta e desse sacrifício... Em épocas passadas, ele foi sacrificado como um cordeiro, tendo sido anunciado na figura do cordeiro. Contudo, depois disso, Ele Mesmo foi imolado por nós. 'Pois também Cristo, nosso cordeiro pascal, foi imolado' (I Co 5.7).

Agostinho afirma que Cristo 'foi sacrificado pelo pecado, oferecendo a Si Mesmo como o pleno holocausto na cruz de sua paixão'. Ele trouxe nova luz à discussão sobre a natureza do sacrifício de Cristo, por meio de uma definição bastante nítida e influente de sacrifício, apresentada em sua obra *Cidade De Deus*: 'Um autêntico sacrifício é oferecido em toda ação que se destina a nos unir a Deus em santa comunhão'. Agostinho, fundamentado nessa definição, não tem dificuldade

envolve a necessidade do derramamento de sangue[108] em sacrifício expiatório do Cordeiro de Deus através da morte por crucificação[109] em um

---

alguma em referir-se à morte de Cristo como um sacrifício: 'Por meio de Sua morte que é, na verdade, o único e mais verdadeiro sacrifício oferecido por nós, Ele purificou, aboliu e extinguiu toda culpa que havia, pela qual os principados e potestades legitimamente nos detinham para que pagássemos o preço'. Em Seu sacrifício, Cristo foi tanto a vítima quanto o sacerdote; Ele ofereceu a Si Mesmo em sacrifício aos céus: 'Ele ofereceu um sacrifício por nossos pecados. E em que lugar Ele poderia encontrar essa oferta pura, sem pecado, para dedicar a Deus? Ele ofereceu a Si Mesmo, pois não poderia encontrar outra oferta como essa'." (Mcgrath, 2005, p. 470-471)

[108] "Vale a pena observar que o sangue não representava nenhum elemento básico nos sacrifícios, nem tinha alguma função especial ou significado nos rituais de quaisquer outros povos do Antigo Oriente Próximo ou do Mediterrâneo (Mccarthy, 'The Symbolism Of Blood and Sacrifice'). O sistema de sacrifícios da lei, baseado nos primitivos sacrifícios de animais do período patriarcal, exigia a morte da vítima em nome do pecador e consistia na aspersão do sangue ainda morno pelo sacerdote como prova de sua morte pela expiação dos pecados (Lv 17.11,12). Nos sacrifícios, era exigida a morte da vítima para que sua vida fosse oferecida a Deus como substituto da vida do pecador arrependido. Dessa maneira, o pecado era limpo ('coberto com sangue') e a culpa era removida (Hb 9.22)." (Pfeiffer; Vos; Rea, 2007, p. 1757)

[109] "Porque, onde há testamento, é necessário que intervenha a morte do testador; pois um testamento só é confirmado no caso de mortos; visto que de maneira nenhuma tem força de lei enquanto vive o testador. Pelo que nem a primeira aliança foi

processo que possibilita a libertação do pecado que encerra a morte como destino e concorre para a vida eterna como uma experiência individual baseada no ato de crer no Filho de Deus como Salvador.

Colocando Abraão à prova através da determinação para que sacrificasse o seu único filho em holocausto, Deus submete o patriarca hebreu a um teste e a uma experiência que tem o propósito de apurar o seu ser na totalidade do seu pensamento, do seu sentimento e da sua vontade em um processo que converge para averiguar a sua conduta[110] através

---

sancionada sem sangue; porque, havendo Moisés proclamado todos os mandamentos segundo a lei a todo o povo, tomou o sangue dos bezerros e dos bodes, com água, e lã tinta de escarlate, e hissopo e aspergiu não só o próprio livro, como também sobre todo o povo, dizendo: Este é o sangue da aliança, a qual Deus prescreveu para vós outros. Igualmente também aspergiu com sangue o tabernáculo e todos os utensílios do serviço sagrado. Com efeito, quase todas as coisas, segundo a lei, se purificam com sangue; e, sem derramamento de sangue, não há remissão." (Bíblia de Estudo de Genebra, Hb. 9,16-22, 1999, p. 1474-1475)

[110] Nesta perspectiva, importa registrar que tal era a determinação em obedecer a Deus, sacrificando o seu filho Isaque, que "Abraão parece ter levado consigo um fogo aceso quando foi oferecer Isaque (Gn. 22.6; cf. White, 1-30)."

de um movimento que se sobrepõe à consumação do sacrifício e culmina na restituição de Isaque na medida em que o ato de fé atinge a sua concretização na situação-limite do acontecimento.

Correspondendo ao grego *peirazomenos*, "provar" e "tentar" guardam equivalência, convergindo para as fronteiras que encerram a possibilidade de engendrar sujeição ou insubordinação em relação à vontade divina em um processo que atribui a condição de impossibilidade Deus impor um desafio que incline o homem ao mal[111], consistindo em uma experiência que encerra um grau máximo de dificuldade, na medida em que a exigência da oferta sacrificial envolve o próprio filho, unigênito, cuja concepção fora sobrenatural, resultado da intervenção de Javé no sentido de

---

(Vangemeren, 2011, p. 519)

[111] "Ninguém, ao ser tentado, diga: sou tentado por Deus; Porque Deus não pode ser tentado pelo mal e Ele Mesmo a ninguém tenta." (Bíblia de Estudo de Genebra, Tg 1,13, 1999, p. 1486)

superar, primeiramente, o intransponível abismo da esterilidade de Sara, tanto quanto, posteriormente, as limitações orgânicas referentes à imprópria faixa etária de ambos, que transcendiam fisicamente o estado natural plausível para tal, conforme demonstra o significado do nome escolhido para identificar o filho da promessa, a saber, Isaque, ou seja, *a divindade ria ou riu*[112].

Três dias, eis a distância que Abraão precisa percorrer na viagem até o Monte Moriá em um processo que assinala a necessidade de uma obediência baseada na deliberação, perfazendo um movimento cuja execução envolve plena volição e consciência e que se sobrepõe ao sentido de uma relação destituída de reflexão, que encerra caráter

---

[112] "O nome de Isaac, hebr. *yishāq* (Gên 21,3-6), ou *yishāq* (Sl 105,9; Jer 33,26; Am 7,9.16) é uma abreviação; falta o elemento teofórico. O sentido é: a Divindade ria ou riu. Ugarit conhece o riso de El como sinal de alegria ou de benevolência. Em Gên 21,6 o nome é explicado pelo riso de Sara (Cf. Gên 17,17.19; 18,12-15), e pelo do povo como expressão de alegria ou de admiração por ocasião do nascimento do menino." (Dicionário, 2014, p. 738-739)

mecânico e tende a uma ação maquinal, convergindo para uma situação existencial que implica uma sensação interior de opressão e desespero em uma experiência de aflição de espírito, tormento, tortura, temor, haja vista a iminência da oferta sacrificial de seu filho Isaque sobre o altar em forma de holocausto a fim de obedecer a Deus e cumprir a Sua vontade, cuja realização demanda a capacidade de confiar totalmente em Jeová e de depender inteiramente do Seu amor e da Sua providência em face da Sua promessa em referência à descendência do patriarca hebreu e da bênção que, por seu intermédio, Javé planeja transmitir para todas as nações e todos os povos da terra[113].

---

[113] "Sem hesitar, Abraão leva o menino para um lugar de sacrifício e então prepara-se para sacrificá-lo (22.3-10). Deus interrompe-o, declarando que aquela ação prova que Abraão "teme" a Deus, outra maneira de dizer que ele baseia sua vida em Deus. Aqui 'fé' e 'temor' equivalem à mesma coisa: obediência. Uma vez mais a fé expressa-se em ações baseadas apenas na confiança em Deus. Abraão confia em Deus mesmo quando o Senhor ordena-lhe o impensável, ou seja, o que parece a remoção irreparável da chave para as promessas de Gênesis 12.1-9." (House, 2005, p. 94)

Abraão e a fé como princípio do *novo ser* e do *novo modo de existência*

Luiz Carlos Mariano da Rosa

Configurando um ato extremo de devoção, a sujeição de Adão e Eva o seu único filho, Isaque, encerra a consciência da impotência humana diante de Deus e o reconhecimento da condição de pecaminosidade e da necessidade de purificação em um processo baseado em uma obediência incondicional que converge para uma *relação absoluta com o Absoluto* através da instauração da experiência existencial inaugurada pela fé em um gesto cujo movimento alcança a plenitude na restauração e na reintegração do primogênito que, na situação-limite protagonizada pelo patriarca hebreu no Monte Moriá, é substituído pelo carneiro preparado pela divina providência para o holocausto.

> Chegaram ao lugar que Deus lhe havia designado; ali edificou Abraão um altar, sobre ele dispôs a lenha, amarrou Isaque, seu filho, e o deitou no altar, em cima da lenha; e, estendendo a mão, tomou o cutelo para imolar o filho. Mas do céu lhe bradou o Anjo do SENHOR: Abraão! Abraão! Ele respondeu: Eis-me aqui! Então, lhe disse: Não estendas a mão sobre o rapaz e nada lhe faças; pois agora sei que temes a Deus, porquanto não me negaste o filho, o teu único filho. Tendo Abraão erguido os olhos, viu atrás de si um carneiro preso pelos chifres

entre os arbustos; tomou Abraão o carneiro e o ofereceu em holocausto, em lugar de seu filho. E pôs Abraão por nome àquele lugar - O SENHOR Proverá. Daí dizer-se até ao dia de hoje: No monte do SENHOR se proverá.[114]

Nesta perspectiva, a disposição de Abraão no sentido de sacrificar o seu filho em função de uma ordem divina em um processo que assinala uma contradição entre a promessa da descendência e o dever de obedecer a Deus converge para uma relação que implica uma absoluta confiança da criatura em face do Criador na medida em que a obediência irrestrita do patriarca encerra a negação da sua autonomia e guarda raízes nas fronteiras que envolvem uma fé total[115] e um amor incondicional[116],

---

[114] Bíblia de Estudo de Genebra, Gn 22,9-14, 1999, p. 40-41.

[115] "Ele tem de crer que possuir um relacionamento com Deus é o mesmo que possuir o cumprimento das promessas do Senhor. Assim como Deus considera a fé de Abraão como justiça, de igual forma Abraão considera a promessa divina como justiça. Abraão acredita que o plano do Senhor para a história é real e, portanto, deve ocorrer. Uma fé menor possivelmente não o levaria a aceitar sinais exteriores, como a circuncisão, ou a aceitar ordens, como deixar sua terra natal ou, em particular, sacrificar seu filho." (House, 2005, p. 95)

[116] Tendo em vista que, conforme defende Calvino, "Se Deus

contrapondo-se à conduta de Adão como modelo e protótipo da humanidade na sua condição originária no Jardim do Éden e instaurando o princípio da verdadeira religião e da superação do pecado que, no sentido de alienação[117], ao seu exercício compete e cuja tendência corresponde, em última instância, ao

---

contém em si a plenitude de tudo que é bom, uma como que fonte inexaurível, nada devem buscar além Dele os que porfiam pelo Sumo Bem e por todos os elementos da felicidade, como somos ensinados em muitos lugares da Escritura. Diz o Senhor a Abraão: "Eu Sou tua mui grande recompensa" [Gn 15.1], sentença que ecoa em Davi: "Minha porção é o Senhor: Caiu-me a sorte excelentemente" [Sl 16.5, 6]. De igual modo, em outro lugar: "Quedar-me-ei satisfeito com a visão de Teu rosto" [Sl 17.15]. De fato Pedro declara que os fiéis foram chamados para isto: Para que sejam feitos participantes da própria natureza divina [2Pe 1.4]." (Calvino, III, XXV, 10, 2006c, p. 461)

[117] "La alienación, en el sentido en que la usaron los antihegelianos, indica la característica fundamental de la condición humana. El hombre, tal como existe, no es lo que es en su esencia y lo que debería ser. Está alienado de su verdadero ser. La profundidad del término 'alienación' yace en la implicación de que el hombre pertenece esencialmente a aquello de lo que está alienado. El hombre no es extraño a su verdadero ser, ya que pertenece a Él. Es juzgado por su ser, pero no puede separarse enteramente de él, aunque le sea hostil. La hostilidad que el hombre siente hacia Dios prueba de un modo incontestable que pertenece a Dios. Donde es posible el odio, allí y sólo allí es posible el amor." (Tillich, 1982, p. 68)

autogoverno e à autodeterminação.

> En el estado de alienación, el hombre se halla fuera del centro divino al que esencialmente pertenece su propio centro. Así el hombre es el centro de sí mismo y de su mundo. La posibilidad - y, con ella, la tentación - de abandonar su centro esencial, le es dada al hombre porque estructuralmente es el único ser plenamente centrado. No sólo es el único que tiene conciencia (lo cual constituye una elevada, pero incompleta, centralidad), sino que además tiene conciencia de sí mismo, es decir, posee una plena centralidad. Esta centralidad estructural confiere al hombre su grandeza, su dignidad y su ser, es decir, le da el ser la "imagen de Dios". Indica su capacidad de trascenderse a sí mismo y a su mundo, de contemplarse a sí mismo y a su mundo, y de verse en perspectiva como el centro en el que convergen todas las partes de su mundo. Ser un yo y tener un mundo constituyen el reto que le es hecho al hombre como la perfección de la creación.[118]

Se a sujeição de Adão e Eva à tentação e o ato de desobediência convergem para a ruptura do relacionamento diante do Criador na medida em que faculta a manifestação do mal através da criação e institucionaliza a morte como destino último, a submissão voluntária de Abraão à prova em um movimento que envolve o sacrifício do objeto

---

[118] Tillich, 1982, p. 73.

máximo de sua afeição, Isaque, inaugura uma nova *experiência existencial* baseada na fé [119] em uma construção que encerra a iniciativa de Deus para o estabelecimento de uma aliança com o patriarca que possibilitará a geração de uma nova raça que, se inicialmente corresponde à nação de Israel (descendência física[120]), implica posteriormente um processo transnacional que resultará na formação da

---

[119] "Abraão foi o antecessor do Messias (Mt 1.1) e pai dos israelitas segundo a carne (Mt 3,9; Jo 8.33; At 13.26). Mas ele se tornou o pai espiritual de todos aqueles que compartilham a sua fé pelo Espírito Santo (Rm 4,11-16; 9.7; Gl 3.16,29; 4,22,31). A fé de Abraão levou ao seu perdão, e tipifica o modelo de fé que devemos exercitar (Rm 4.3-11). As demonstrações de sua fé, ao obedecer à ordem de Deus para abandonar a Mesopotâmia, assim como o oferecimento de seu filho, Isaque, são mencionados como exemplos notáveis de sua fé em ação (Hb 11.8-19; Tg 2.21)." (Pfeiffer; Vos; Rea, 2007, p. 13)

[120] "Assim, é evidente que a aliança não foi com todos os filhos ou netos de Abraão; Deus fez uma seleção. Conforme escreve Paulo: 'Nem por serem descendentes de Abraão passaram todos a ser filhos de Abraão. Ao contrário: [...] Noutras palavras, não são os filhos naturais que são filhos de Deus, mas os filhos da promessa é que são considerados descendência de Abraão' (Rm 9.7,8). Assim, é por meio dos filhos da promessa — a linhagem de Abraão, Isaque e Jacó — e, portanto, por meio dos israelitas (os filhos de Jacó) que a promessa continua e a aliança é mantida." (Williams, 2011, p. 243)

pátria celestial (descendência espiritual[121]).

Nesta perspectiva, se a descendência representada por Isaque não tem capacidade de transmitir a bênção a todos os povos, Jesus Cristo[122], que provém, em sua natureza humana, de Abraão,

---

[121] Tendo em vista que "embora a promessa seja transmitida por uma linhagem física de descendência — Abraão, Isaque e Jacó —, os verdadeiros filhos são os que, como Abraão, possuem fé. De modo que Paulo escreve aos Gálatas: 'Ele [Abraão] creu em Deus, e isso lhe foi creditado como justiça' [citando Gn 15.6]. Estejam certos, portanto, de que os que são da fé, estes é que são filhos de Abraão" (3.6,7). Assim, a verdadeira linhagem não é exclusivamente racial; ela se alarga para incluir todos os que creem." (Williams, 2011, p. 243)

[122] Nesta perspectiva, Calvino enfatiza o sentido da circuncisão como sacramento do antigo testamento que, juntamente com as purificações e com os sacrifícios, convergem para Jesus Cristo, tendo em vista que "a circuncisão era atestado e memorial em virtude do qual se confirmassem na promessa dada a Abraão a respeito da bendita semente na qual haveriam de ser abençoadas todas as nações da terra [Gn 22.18], da qual também se deveria esperar sua bênção. Com efeito, essa semente salutar, como somos ensinados por Paulo [Gl 3.16], era Cristo, em quem unicamente eles confiavam que haveriam de recobrar o que haviam perdido em Adão. Portanto, a circuncisão lhes era o que Paulo ensina que fora a Abraão, a saber, marca da justiça da fé [Rm 4.11], isto é, o selo pelo qual fossem mais seguramente confirmados de que sua fé, pela qual esperavam a própria semente, lhes fosse por Deus imputada por justiça." (Calvino, IV, XIV, 21, 2006d, p. 287)

Abraão e a fé como princípio do *novo ser* e do *novo modo de existência*
Luiz Carlos Mariano da Rosa

consiste no cumprimento da promessa de Deus em um processo que implica o princípio da fé [123] e demanda o seu exercício em relação ao Filho de Deus como Salvador [124] através de um movimento que

---

[123] Eis o argumento de Anti-Climacus/Kierkegaard: "Permítaseme hacer primero otra pregunta: ¿Puede' pensarse una contradicción más disparatada que la de querer demostrar (es indiferente que se pretenda demostrar por la historia o por cualquier otra cosa del mundo) que un hombre particular es Dios? Que un hombre particular sea Dios, que se presente como Dios, es ciertamente el escándalo, κατ' ἐξοχήν. Pero ¿qué es el escándalo, lo escandaloso? Lo que va contra toda (humana) razón. ¡Y esto es lo que se quiere demostrar! Pero 'demostrar' significa convertir algo en lo racional-real dado. ¿Puede lo que contradice toda razón convertirse en lo racional-real? Desde luego que no, si es que uño no desea contradecirse a sí mismo. Lo único que se puede 'demostrar' es que va contra la razón. Las pruebas de la Divinidad de Cristo proporcionadas por la escritura: Sus milagros, su resurrección de entre los muertos, su ascensión a los cielos, lo son solamente para la fe, es decir, no son 'pruebas'; no intentan demostrar que todo esto se concilla con la razón, sino todo lo contrario, que contradice a la razón y es, por lo tanto, objeto de fe." (Kierkegaard, 2009, p. 51)

[124] "Pode-se objetar, uma vez que o homem caiu por causa de sua própria liberdade, ele próprio pode resolver os problemas mediante essa mesma liberdade. Kierkegaard responde que essa objeção desconhece o caráter decisivo da ação e o peso do passado. Por exemplo, posso lançar livremente uma pedra até o outro lado do lago, mas não posso fazê-la voltar para mim livremente. Da mesma maneira não posso desfazer-me do 'eu' que já formei. Não posso alcançar a libertação simplesmente 'querendo', pois é precisamente a vontade que deve ser

encerra a obediência irrestrita à Deus-Pai e ao plano de redenção da humanidade [125]. Tal movimento converge para atribuir a condição de integrantes da descendência espiritual abraâmica aos homens enquanto indivíduos em sua concreticidade histórico-cultural e econômico-social em um processo que encerra como condição *sine qua non* o exercício da fé através de uma construção que os torna aptos a participarem da Nova Aliança que, reunindo judeus e gentios, tem caráter eterno e envolve a esperança da pátria celestial na medida em

---

libertada. Preciso de um novo 'eu', o que conseguirei só tirando a culpa do velho 'eu', e para Kierkegaard só o Deus-Redentor é que pode dar esse novo 'eu'." (GILLES, 1971, P. 28)

[125] "Paulo conclui que Jesus é o cumprimento da promessa de bênção internacional, pois Ele é a descendência abraâmica que media salvação para todos (Gl 3.16). Nas palavras de Edward John Carnell: "Abraão é uma bênção para todas as nações porque Jesus Cristo é o verdadeiro descendente de Abraão. Há uma aliança a unir as duas economias da Bíblia". Ademais, Paulo alega que na vida de Abraão a fé produziu justiça que levou o patriarca a aceitar a circuncisão, o que significa que a salvação ocorre sem obras de justiça (Rm 4.1-15). Portanto, a única maneira de as promessas de deus tornarem-se realidade é o exercício da fé, não a prática de obras (Rm 4.16-25)." (House, 2005, p. 95-96)

que traz como objetivo a formação de uma comunidade oriunda de todas as nações, tribos, povos e línguas que constituirá a Nova Jerusalém em um Universo que em sua totalidade e de modo absoluto estará livre do mal e do pecado e que, dessa forma, possibilitará a comunhão plena entre Criador e criatura, restaurando o relacionamento em vigor no Jardim do Éden e a convivência perfeita desde então perdida.

Abraão e a fé como princípio do *novo ser* e do *novo modo de existência*
Luiz Carlos Mariano da Rosa

II PARTE

DA FÉ COMO SUPERAÇÃO DO DETERMINISMO NATURAL E DO TERROR INCESSANTE DO MUNDO HISTÓRICO-CULTURAL ATRAVÉS DO EXERCÍCIO DE UMA LIBERDADE ABSOLUTA

Imitando as ações paradigmáticas e os gestos arquetípicos dos Deuses, Ancestrais Míticos e Heróis, os sujeitos das sociedades tradicionais e membros das comunidades arcaicas instauram uma experiência existencial que converge para as fronteiras que encerram a repetição de condutas e práticas que caracterizaram os Entes Sobrenaturais no tempo primordial no processo de criação do mundo em sua totalidade, consistindo o relato mítico a evocação do poder sagrado e das suas forças originárias em uma construção que assinala a unidade fundamental de todas as coisas, independentemente de sua esfera de existência, na medida em que a recitação mítica e o ritual mágico-religioso implicam a reatualização da situação criadora invocada por intermédio do modelo exemplar da criação.

Encerrando o modelo exemplar de todas as obras e atos, as construções míticas que se impõem às narrativas e recitações nas cerimônias mágico-religiosas convergem para a evocação do poder sagrado e das suas forças originárias em um processo que pretende a instauração de um novo começo e a recriação de uma *realidade* (coisa ou objeto, ser, conduta e prática), tendo em vista a perspectiva que afirma a unidade fundamental de todas as coisas em um movimento que pressupõe o Cosmo como arquétipo ideal da criação em sua totalidade.

Nesta perspectiva, o que se impõe é a imitação dos gestos arquetípicos como uma repetição dos atos primordiais dos Entes Sobrenaturais no instante intemporal da criação das coisas ou objetos ou seres em sua totalidade em um processo que implica a reatualização dos acontecimentos e eventos do momento mítico, remetendo ao *illud tempus*, convergindo para as fronteiras que assinalam o caráter extra-humano das práticas correspondentes à existência do homem em sua vida profana, tendo em vista que o modelo exemplar que se lhe impõe guarda raízes em um tempo transcendente em uma construção que traz como fundamento uma *realidade absoluta*.

> Basicamente, o horizonte dos arquétipos e da repetição não pode ser ultrapassado com impunidade, a menos que nós aceitemos uma *filosofia de liberdade* que não exclua Deus. E, de fato, isso provou ser verdade quando o horizonte dos arquétipos e da repetição foi ultrapassado, pela primeira vez, pelo judeu-cristianismo, que introduziu uma nova categoria na experiência religiosa: *a categoria da fé*.[126]

Convergindo para as fronteiras que encerram a liberdade absoluta concernente ao arcabouço de regras ou normas ou relações constantes envolvendo

---

[126] Eliade, 1992, p. 153, grifos meus.

vários elementos no processo que encerra a constituição da "natureza" ou no que tange à lei "natural" em sua totalidade, a fé, nesta perspectiva, implica o exercício de um poder que guarda capacidade de estabelecer uma intervenção na estrutura ontológica do Universo por intermédio de um movimento de caráter criativo que se impõe como um instrumento de cooperação e colaboração humana na produção, formação ou geração do mundo enquanto conjunto de todas as coisas ou seres ou realidades criadas.

Guardando raízes em Deus, a liberdade para a qual converge a fé emerge como a experiência existencial que possibilita a proteção do homem em sua individualidade concreta e subjetividade empírica diante do terror da história em uma construção que impõe a noção de tempo contínuo e se sobrepõe à história como um movimento que, implicando o tempo cíclico, envolve repetição e traz como fundamento as relações mítico-rituais e os sistemas mágico-religiosos do politeísmo.

A conquista da liberdade, eis o que se impõe à fé que, sob a perspectiva judaico-cristã e a implicação do sentido que encerra a noção de que "para Deus tudo é possível", converge para a instauração de um novo modo de ser em uma construção que encerra a superação do arcabouço de regras ou normas ou relações constantes envolvendo vários elementos no processo que encerra a constituição da "natureza" ou no que tange à lei "natural" em sua totalidade, na medida em que proporciona ao homem em sua individualidade concreta e subjetividade empírica nas fronteiras da existência histórico-cultural a autonomia que se impõe ao governo das leis que presidem o Universo.

> Nesta perspectiva, a disposição de Abraão em sacrificar o seu filho, Isaque, obedecendo a ordem de Deus, implica a sobreposição dos gestos arquetípicos do *homo religiosus* pela instauração de uma *nova experiência existencial* em um movimento que traz como fundamento o *ato de fé*, que converge para as fronteiras do *absurdo* e diverge totalmente das práticas sacrificiais das comunidades

arcaicas e da sua concepção moral baseada no *geral*, cuja manifestação teofânica circunscreve-se ao sentido que envolve a circulação da energia sagrada no Cosmo através de um ciclo ininterrupto que encerra a correlação que abrange divindade/natureza, natureza/homem, homem/divindade, servindo o sangue do primogênito para a renovação da fertilidade do solo e das forças da vegetação no processo de regeneração que caracteriza a economia do sagrado no mundo antigo.[127]

Se as exigências da Lei assinalam a insuficiência humana em uma construção que tende a revelar a sua incapacidade de cumpri-las e corresponder ao paradigma que se impõe ao relacionamento envolvendo Javé e os hebreus[128], a sua instituição por

---

[127] Mariano Da Rosa, 2018a, p. 147-148, grifos do autor.

[128] Tendo em vista que, conforme esclarece Calvino, o fim da lei em sua totalidade é estabelecer a conformidade entre a vida humana e a natureza divina: "Agora não será difícil ver qual é a intenção e o fim de toda a lei; a saber, uma justiça perfeita, para que a vida do homem esteja inteiramente conformada à natureza divina. Pois aqui Deus pintou de tal forma sua própria natureza que, se alguém representa em atos tudo o que aí se prescreve, há de expressar, de certo modo, na vida a imagem de Deus. Razão pela qual, como aos israelitas quisesse trazer à lembrança a essência, dizia Moisés: 'E agora, ó Israel, o que o Senhor teu Deus pede de ti, senão que temas ao Senhor e andes em seus caminhos; que o ames e o sirvas de todo o coração, e de toda a alma, e guardes seus mandamentos?' [Dt 10.12, 13]. Nem cessava de reiterar-lhes as mesmas coisas sempre que tinha de lhes apontar o escopo da Lei. *A isto, portanto, contempla o*

si não guarda oposição em face das promessas que carregam subjacentes, mas as pressupõe, convergindo para as fronteiras que encerram a sua impossibilidade de produzir a *experiência existencial* protagonizada por Abraão em um processo que caracteriza a fé como *relação absoluta com o Absoluto* e implica a transformação do homem em sua individualidade concreta e subjetividade empírica em *um novo ser* e a instauração de *um novo modo de existência*, convergindo para a necessidade acerca da manifestação do Deus-Filho na ordem do ser e do tempo, haja vista que, sobrepondo-se ao sistema ético-religioso e ao seu conjunto de normas, valores e práticas e à "fé"[129] enquanto exercício de

---

ensino da lei: que o homem se una a seu Deus pela santidade de vida, e, como fala Moisés, em outro lugar [Dt 11.22; 30.20], se lhe apegue." (Calvino, II, VIII, 51, 2006b, p. 173, grifos meus)

[129] "A fé não é algo corno a aceitação de um dogma, à qual seguiria então o acesso a conhecimentos esotéricos ou uma contemplação mística. Antes a fé é tudo. Não se pode separar o conhecer do crer e alçar-se acima dele; mas a fé também é um conhecer. Assim como todo conhecer pode ser somente um conhecer na fé, assim no conhecer a fé vem como que a si

crer em um conteúdo doutrinal dogmático, o acontecimento da encarnação, morte e ressurreição do *Lógos*, Jesus Cristo, *Deus-Homem*, possibilita a concretização absoluta do ideal que os ritos e as cerimônias ético-legais do sistema religioso judaico prenunciam simbolicamente e cuja síntese envolve a filiação divina, a vida eterna e a liberdade absoluta[130].

> Como, porém, foram conduzidos pela mão a Cristo por meio das cerimônias, antes se disse e melhor se pode compreender dos muitos testemunhos dos profetas. Ora, ainda que, para propiciar a Deus, necessário lhes foi

---

mesma. O conhecer é um momento estrutural da fé." (Bultmann, 2008, p. 510)

[130] "Se, pois, o Filho vos libertar, verdadeiramente sereis livres" (Bíblia de Estudo de Genebra, Jo 8,36, 1999, p. 1245). Nesta perspectiva, cabe esclarecer o sentido de liberdade: "Ao conhecimento está prometida a *liberdade*, que é justamente a liberdade em relação ao mundo, da realidade aparente, de sua sedução, bem como de sua inimizade aberta (§ 42,2). Assim como Jesus venceu o mundo (16.33), assim a fé é a vitória sobre o mundo (1Jo 5.4). Assim como o αρχων του κοσμου τουτου [chefe deste mundo] está vencido e nada mais pode contra Jesus (12.31; 14.30), ele tampouco pode algo contra os crentes que venceram o 'maligno' (1Jo 2.13s.). Por isso a liberdade em relação ao mundo é a *liberdade em relação ao pecado* (8.31-36)." (Bultmann, 2008, p. 515, grifos do autor)

achegar-se diariamente com novos sacrifícios, contudo Isaías [53.5] promete de virem a ser expiadas todas as transgressões com um único sacrifício, ao que Daniel [9.26-27] concorda. Adentravam ao santuário os sacerdotes designados da tribo de Levi. Mas, do sacerdote único foi dito que foi uma vez divinamente escolhido com juramento, o qual seria sacerdote para sempre, segundo a ordem de Melquisedeque [Sl 110.4; Hb 5.6; 7.21]. Havia, então, uma unção visível de óleo; haveria de vir uma outra e diferente unção, o que Daniel sentencia de uma visão. E, para não insistir com mais referências, o autor da Epístola aos Hebreus demonstra bastante prolixa e claramente, do quarto ao undécimo capítulos, que as cerimônias para nada servem e são fúteis até que tenha chegado a vinda de Cristo.[131]

Dessa forma, se a aliança instituída por Deus com Abraão encerra a capacidade de alcançar a descendência física do patriarca hebreu em um processo que guarda correspondência com o nascimento milagroso de Isaque e implica a eleição de Jacó (Israel) e da sua geração e que mantém consonância com o contexto ético-religioso, geopolítico e histórico-cultural judaico, a aliança instaurada pela encarnação, morte e ressurreição do *Lógos,* Jesus Cristo, *Deus-Homem*, converge para a

---

[131] Calvino, VII, II, 2, 2006b, p. 114.

superação do caráter étnico-racial e das particularidades que distinguem uma construção que, em suma, emerge como israelita-nacionalista, em face da necessidade de atribuir ao movimento a universalidade pressuposta na promessa divina destinada a todos os povos, afinal, ao mundo inteiro.

Escapando ao sentido que circunscreve a fé às suas próprias fronteiras em um movimento circular cuja origem e fim permanecem sob a égide da imanência, a fé implica um processo em relação ao Transcendente que encerra uma natureza que converge para um exercício que traduz fidelidade e confiança[132] em uma construção que consiste em um

---

[132] Segundo os termos empregados no Antigo Testamento para designar a sua ocorrência, a saber, *'emun*, registrado em Dt. 32.20, *'emuna*, mencionado em Hc. 2.4, convergindo para as fronteiras que encerram correspondência com a base conteudístico-formal da conduta de Abraão em relação ao movimento que envolve a ordem de Deus para sacrificar o seu filho, Isaque, no anfiteatro do Monte Moriá, conforme assinala Calvino: "Ora, quando Abraão dizia ao filho: 'Deus proverá' (Gn 22.8), nem com isso ele queria apenas afirmar que Deus era presciente de um evento futuro, mas também *queria* lançar sobre a vontade daquele que costuma dar solução às coisas perplexivas e confusas o cuidado de um fato *que lhe era*

princípio fundamental concernente ao porvir e à realidade que escapa ao sistema lógico-racional e ao conhecimento fundado por intermédio de suas ideias e conceitos, na medida em que a sua manifestação se sobrepõe ao exercício intelectual que institui como razoável a existência de Deus e contempla a adesão baseada no seu reconhecimento, implicando, em última instância, a necessidade de identificação total da vontade do homem em sua individualidade concreta e subjetividade empírica em face do Absoluto, haja vista que

> Deus não exige o ser humano apenas na medida em que o agir pode ser determinado por mandamentos formulados, que é a única possibilidade da lei, de modo que, para além disso, a vontade própria do ser humano estaria livre. Proibidos por Deus não são somente o homicídio, adultério e perjúrio, que podem ser abarcados pela lei, mas também ira, palavras ofensivas, maus desejos e inverdade (Mt 5.21s.,27s.,33-37). Portanto, perante Deus o decisivo não é, em primeira linha, o quê do fazer, a matéria, o constatável, e sim o como, a

desconhecido." (Calvino, I, XVI, 4, 2006a, p. 202, grifos do autor)

> vontade do ser humano. Assim como as leis a respeito do homicídio, do adultério e do perjúrio sofrem, nessa linha, uma radicalização, outros mandamentos, que outrora tinham o sentido de uma restrição do arbítrio e que são entendidos agora como concessões que delimitam um espaço livre para o permitido, são abolidos totalmente do ponto de vista da vontade de Deus: a disposição referente ao divórcio, o *ius talionis*, a restrição do mandamento do amor ao "próximo" (Mt 5.31s.,38-41,4348). *Deus exige toda a vontade do ser humano e não faz abatimento.*[133]

Se, sobrepondo-se ao arcabouço de conceitos e noções, o que se impõe à experiência religiosa é um movimento que transcende o caráter lógico-racional de uma interpretação histórico-cultural e escapa à apreensão imposta pelos códigos, sinais e símbolos do seu arcabouço, na medida em que perfaz uma vivência que converge para as fronteiras que encerram uma relação transcendente, que implica o Absoluto como *Totalmente Outro* e que, por essa razão, consiste em uma *realidade* irredutível ao conhecimento enquanto saber lógico-racional em seu movimento de apreensão da *realidade* em um

---

[133] Bultmann, 2008, p. 51, grifos do autor.

processo cuja fundação demanda necessariamente o exercício da fé.

> Existe una historia de la revelación, cuyo centro es el acontecimento Jesús el Cristo; pero este centro no está desprovisto de uma línea que conduce al mismo (revelación preparatoria) y de una línea que parte del mismo (revelación recibida). Más aún, hemos afirmado que allí donde está la revelación, allí está también la salvación. La revelación no es una información acerca de las cosas divinas; es la manifestación extática del Fondo del Ser en los acontecimientos, en las personas y en las cosas. Tales manifestaciones tienen el poder de conmocionar, transformar y curar. Son acontecimientos salvadores en los que está presente el poder del Nuevo Ser, aunque sólo lo está de un modo preparatorio y fragmentario, y siempre es susceptible de uma distorsión demoníaca. Pero está presente y cura dondequiera que es seriamente aceptado. La vida del género humano depende siempre de estas fuerzas de curación, porque impiden que las estructuras autodestructoras de la existencia hundan a la humanidad en una total aniquilación.[134]

Consistindo na encarnação do Absoluto, a fé[135]

---

[134] Tillich, 1982, p. 219.

[135] Dessa forma, "Gerhard Ebeling situava essa linha de continuidade na idéia da 'fé de Jesus' — que ele concebia como análoga à 'fé de Abraão' (descrita em Rm 4) — uma fé prototípica, paradigmática, que fora historicamente exemplificada e incorporada por Jesus de Nazaré e que era proclamada aos fiéis contemporâneos como algo possível."

expressa por Jesus Cristo guarda capacidade de estabelecer uma ruptura na constituição ontológica do Universo, o que implica a possibilidade de transformação do imanente através da relação com o Transcendente em um processo que encerra a superação do determinismo natural e a sua lei da causalidade em um movimento que tende a reduzir a realidade do finito às suas correlações e à individualidade de presença que se impõe à percepção, que possibilita a sua apropriação direta e imediata na medida da manifestação da sua inteligibilidade como fenômeno.

> Ao que Jesus lhes disse: Tende fé em Deus; porque em verdade vos afirmo que, se alguém disser a este monte: Ergue-te e lança-te no mar, e não duvidar no seu coração, mas crer que se fará o que diz, assim será com ele. Por isso, vos digo que tudo quanto em oração pedirdes, crede que recebestes, e será assim convosco.[136]

Dessa forma, à fé que se sobrepõe ao ser e à realidade como categorias ônticas fundamentais da

---

(Mcgrath, 2005, p. 453)
[136] Bíblia de Estudo de Genebra, Mc 11,22-24, 1999, p. 1168.

estrutura dos objetos reais, impõe-se o *Lógos* que transcende a temporalidade e a causalidade (ôntica e ontológica) em um processo que não se circunscreve às fronteiras que envolvem a possibilidade do conhecimento mas que transpõe a capacidade cognitiva e a sua finitude, convergindo para uma relação que supera a imanência e o sistema de apreensão de conceitos que caracteriza a sua inteligibilidade[137].

"Ao que lhe respondeu Jesus: *Se podes! Tudo é possível ao que crê*"[138]. Eliminação das restrições

---

[137] Consistindo na busca de uma realidade que escapa à condição de objetivação em um processo que encerra a afirmação da sua existência através da mediação do mito e da *revelação* (teofania), a fé implica a possibilidade de transposição do ser humano da imanência à transcendência em um movimento para além de si que envolve simultaneamente a autonegação na dimensão do finito e a autorrealização que destina a relação com o "Ser-em-Si", Deus, cuja Realidade somente é passível de manifestação através de um movimento que longe de um processo de reificação guarde, através da relação que implica o exercício da fé em face do Absoluto, a possibilidade de *abertura* transcendental envolvendo a existência.

[138] Bíblia de Estudo de Genebra, Mc. 9.23, 1999, p. 1162, grifos meus.

físico-químicas e espaço-temporais, eis o que se impõe à fé enquanto movimento de transposição da imanência em sua finitude por intermédio de uma relação envolvendo o Transcendente e Absoluto como Pai, convergindo para uma experiência existencial cuja possibilidade guarda raízes nas fronteiras que implicam a manifestação do Eterno no processo de encarnação, morte e ressurreição do *Lógos*, Jesus Cristo, *Deus-Homem*. Sobrepondo-se às categorias espaço-temporais, a fé encerra a possibilidade de superação dos determinismos de caráter predominantemente internos, tais como, psico-orgânico, bio-genético, físico-mental, intelecto-afetivo, ético-lógico, entre outros, e dos condicionamentos de caráter predominantemente externos, tais como, ético-religiosos, histórico-culturais, político-jurídicos e econômico-sociais, convergindo para as fronteiras que encerram a condição originária da existência.

Nesta perspectiva, consistindo na *encarnação*

do absoluto no *Deus-Homem* Jesus Cristo, além do seu valor soteriológico, a fé possibilita a fruição de uma liberdade absoluta na medida em que guarda capacidade de não somente se opor às restrições psicogenéticas, às prescrições étnico-culturais, às determinações histórico-sociais e às limitações econômico-políticas mas também a superá-las em um processo que se sobrepõe à noção de tempo como um movimento cíclico e se lhe atribui a condição de continuidade que, sob a égide de um Universo regido por leis, inaugura *um novo e único modo de ser*, que prescinde do horizonte de arquétipos e dos gestos baseados na repetição dos mitos primordiais e pressupõe a existência de Deus e a possibilidade da instauração de uma relação com a Divindade que tende a proporcionar a conquista da autonomia pessoal em uma construção que confere às tragédias históricas um significado trans-histórico capaz de se contrapor ao desespero produzido pelo terror incessante do Universo histórico[139].

---

[139] "No horizonte dos arquétipos e repetição, o terror da história, quando apareceu, podia ser suportado. Desde a 'invenção' da fé, no sentido judeu-cristão da palavra (= para Deus tudo é possível), o homem que tinha deixado o horizonte dos arquétipos e da repetição não pode mais defender-se contra aquele terror, exceto por intermédio da idéia de Deus." (Eliade, 1992, p. 154)

ASPECTOS CONCLUSIVOS (ABRAÃO E A FÉ COMO PRINCÍPIO DO *NOVO SER* E DO *NOVO MODO DE EXISTÊNCIA* ENTRE A *RELAÇÃO ABSOLUTA COM O ABSOLUTO* E A ENCARNAÇÃO DO ABSOLUTO NO *DEUS-HOMEM* JESUS CRISTO)

> O estético representa a queda, o homem que vive o momento e não tem consciência do *télos* último da existência. O ético caracteriza a autossuficiência do homem que crê poder resolver os problemas e construir seu paraíso na terra, o que o deixa frustrado e impotente. Enfim, no ético-religioso, o indivíduo constata a insuficiência da existência centrada em si mesma e a necessidade do reconhecimento da realidade de Deus como realidade última.[140]

Existir como um processo de escolha e decisão que converge, em suma, para as fronteiras que envolvem o próprio sujeito, constituindo-o como tal, eis o que se impõe à perspectiva de Kierkegaard, que atribui à existência a condição de um projeto em uma

---

[140] Almeida; Valls, 2007, p. 35-36.

construção que encerra diferentes possibilidades existenciais fundamentais que, configurando estádios no caminho da vida, a saber, o estético, o ético e o religioso, implicam atitudes que correspondem ao gozo da subjetividade consigo própria no instante do prazer, à harmonização da subjetividade com a generalidade do bem e do mal e à *relação absoluta com o Absoluto* instaurada pela fé, que consiste em um desafio que representa uma conduta que não se dispõe a fugir do desespero, pressuposto nos estágios antecedentes, haja vista constituir-se uma opção do existente singular pelo "salto qualitativo" através de uma experiência de angústia que se sobrepõe ao mundo finito em sua totalidade e desnuda o estado trágico da existência humana e a consciência da culpa absoluta diante de Deus.

Refém de desejos e impulsos, o indivíduo no âmbito do estádio estético permanece sob o poder do tempo e do corpo em um processo que implica uma relação que se circunscreve às fronteiras da vida em sua condição de imediatez e sensibilidade, convergindo para a máxima fruição de prazer sensual através de uma experiência que, embora tenha pretensão de eternidade, esgota-se em si, na medida em que envolve a busca do sentido ou do absoluto em uma dimensão imprópria a tal fim, qual seja, a imanência, em um movimento que assinala, em suma, a incapacidade do sujeito de amar, seja a si mesmo, seja ao outro, o que o impossibilita de estabelecer vínculos ou liames duradouros com o próximo, na medida em que, no afã de satisfazer a sua carência fundamental e a voracidade que a caracteriza como tal, o sujeito instaura um modo de existência baseado no gozo pessoal da estética e no gozo estético do seu próprio ser [141] em uma construção que supõe a absorção total pela paixão e suas contradições.

---

[141] Tendo em vista que, conforme assinala, "el auténtico goce no radica en lo que uno goza, sino en su representación" (Kierkegaard, 2006, p. 56).

Abraão e a fé como princípio do *novo ser* e do *novo modo de existência*
Luiz Carlos Mariano da Rosa

Evitando a harmonização da sua subjetividade com a generalidade do bem e do mal, na atitude estética o sujeito se sobrepõe à integração na comunidade social e à repetição que implicam o estádio ético ou moral, detendo-se na vivência do instante através da fruição consigo próprio do prazer sensual em um processo que carrega a intenção de "suspender" a concretização do desejo, ou melhor, "suspender" o desejo enquanto tal nas fronteiras da possibilidade em um movimento que mantém a sua vigência e que, pretendendo escapar aos liames e vínculos que perfazem o estado ético, tende ao desespero, na medida em que torna o existente singular prisioneiro de si mesmo.

> O estádio estético tem por companheiro constante e inevitável o desespero que não vem de fora, mas do próprio interior do indivíduo. Tem por origem a paralisia da vontade, o que leva o indivíduo a um impasse, pois a vontade paralisada é totalmente incapaz de desempenhar

o seu devido papel na tomada de uma decisão que possibilite a passagem para o estádio ético.[142]

Pretendendo manter o desejo enquanto tendência da vontade no sentido de procurar-se a si através do prazer sensual e do jogo de sensações e percepções que o perfaz, o modo de existência estético se detém nas fronteiras da possibilidade, escapando ao paradigma lógico-racional e à realização que implica o seu pressuposto, o cálculo, no âmbito de um sistema, na medida em que o existente singular se sobrepõe ao sistema, tornando-se irredutível ao pensamento e ao movimento especulativo que corporifica em sua abstração, haja vista consistir em um acontecimento que encerra diversas possibilidades existenciais fundamentais diante das quais cabe ao sujeito a decisão e a escolha correspondente à atitude que a partir de então determinará a sua vida que, em suma, perdura como uma opção entre dois termos em um exercício que

---

[142] Gilles, 1975, p. 11.

não se dispõe à síntese mas demanda o desafio da liberdade[143].

A impossibilidade de conclusão e a necessidade de regresso a si em um movimento que implica a reconstrução do processo que converge para um fim que se sobrepõe ao *ponto final* que determina as raízes da memória e que, se permite a reconstituição, não é senão através das fronteiras instituídas *a priori*, eis o que se impõe ao existente singular no modo de vida estético em um jogo de sedução que converge para um acontecimento que envolve a própria subjetividade em relação a si mesma em um processo que implica uma inelutável conquista de si como sentido último e demanda o diálogo indizível com a possibilidade até os inatingíveis limites do absoluto em um esforço que guarda a pretensão de fundir imanente e transcendente.

---

[143] Cabe recorrer ao processo que implica o sentido da liberdade, segundo a perspectiva de Álvaro Valls: "Como é que o homem age livremente? Numa liberdade que se enreda, que se enrosca e se atrapalha consigo mesma". (Valls, 2012, p. 53)

Se a mediação configura a possibilidade de recurso à instância do geral, Abraão poderia encontrar o fundamento racional que possibilitaria que recusasse o sacrifício do filho através da evocação do seu dever paternal em um processo que encerra a limitação da vontade moral subjetiva, haja vista a sua pretensão de determinar pelo livre-arbítrio o seu bem indeterminado, convergindo para as fronteiras que encerram a liberdade substancial, na medida em que o ético guarda a capacidade de estabelecer os limites que cabem à subjetividade indeterminada ou à liberdade abstrata, assim como antes aos instintos naturais em um movimento que implica a libertação da dependência da opressão da subjetividade particular em relação à reflexão moral do *dever-ser* e do possível.

Contrapondo-se à noção de conciliação dos opostos que emerge do sistema de Hegel, Kierkegaard defende a ideia de ruptura em uma construção que encerra a impossibilidade de reconciliação através de uma transição que jamais alcança a condição de interrupção ou fratura imbricada na concepção de mediação, convergindo para as fronteiras da radicalização dos contrários e da institucionalização do paradoxo [144] como uma realidade inescapável, que demanda o salto (*Springet*) entre os diversos estádios da vida como um movimento existencial que se sobrepõe ao devir lógico-metafísico e abrange as experiências do homem em sua individualidade através de um paradigma que escapa à especulação que se desenvolve em função do *universal*[145].

---

[144] "Segundo Kierkegaard, e em contradição com Hegel, a natureza do pensamento está em desacordo com a realidade. Daqui a natureza paradoxal da verdade, que não se atinge mediante o pensamento discursivo e conceitual, mas sim graças à fé. A apropriação da verdade é experiência individual, vivência, *Erlebnís*. O espírito não verifica. Assente. Apodera-se da verdade e transforma-a em íntraverdade. E, consequentemente, 'quando a subjectividade, a interioridade, é a verdade, esta torna-se objectivamente um paradoxo'. paradoxo que é categoria ontológica reveladora da relação existente entre um espírito cognitivo determinado espacial e temporalmente e a verdade eterna." (Silva, 1988, p. 262)

[145] Na medida em que "contra todo o esforço para condensar a

Abraão e a fé como princípio do *novo ser* e do *novo modo de existência*
Luiz Carlos Mariano da Rosa

Se os estádios ou modos existenciais escapam à condição de dimensões que encerram momentos sequenciais ou etapas que supõem um movimento lógico que possibilita a transição da consciência através de uma síntese, é a escolha do existente singular no exercício da sua vontade individual que engendra o salto de um estágio para o outro, sobrepondo-se à necessidade da mediação hegeliana em um processo que pelo salto converge para a transposição do abismo que se impõe entre as referidas esferas em uma autorrelação que envolve, respectivamente, no que concerne às fases estética, ética e religiosa, um movimento baseado na pura exterioridade, no diálogo da exterioridade com a interioridade e na correspondência com Deus em uma construção que longe de afirmar a supressão de um estado diante de outro, assinala uma superação

---

realidade num sistema, Kierkegaard aponta para o resíduo irredutível de oposições absolutas fundadas no princípio de que a existência é uma tensão em direção não a uma totalidade pensada, mas, sim, em direção ao Indivíduo, ao sujeito, categoria essencial da existência." (Giles, 1975, p. 6)

que acena com a sujeição de uma atitude estética pela conduta ética[146], ou a subordinação desta última pelo comportamento religioso, na medida em que a paixão característica de uma modalidade existencial alcança primazia e torna-se determinante para o homem em sua subjetividade.

Nesta perspectiva, a autenticidade da existência mantém correspondência com o salto que, convergindo para a consciência de si em sua singularidade, implica o risco de um movimento irredutível à capacidade de apreensão ou domínio, na medida em que escapa à condição de um objeto de saber ou conhecimento em um processo que torna o indivíduo em si mesmo através de uma construção que guarda raízes nas fronteiras da possibilidade e

---

[146] "Na ética a personalidade está centrada em si mesma, a estética fica excluída como forma absoluta ou é excluída como absoluto, mas permanece sempre de modo relativo. A personalidade, ao escolher-se a si mesma, se escolhe de modo ético e exclui a estética em forma absoluta; mas, desde que se escolhe a si mesma e continua sendo ela mesma, sem converter-se em outra natureza pelo fato dessa escolha, toda a estética entra em sua relatividade." (Kierkegaard, 1955, p. 34)

encerra uma relação que tende para além de todo significado concreto. "Nessa relação puramente pessoal entre Deus como personalidade e o crente como personalidade, no existir, está o conceito de fé"[147].

Se o gesto do herói trágico consiste em um assassinato em função de uma determinada comunidade sociopolítica em um processo que envolve um *páthos* que se impõe em benefício da coletividade, o ato de Abraão demanda a sua exclusão do grupo humano ao qual pertence e do seu sistema ético-lógico, na medida em que encerra a necessidade de sua sobreposição ao conjunto de normas éticas interindividuais institucionalizadas e ao arcabouço de atitudes, valores e condutas que perfazem o legado histórico-cultural existente em um movimento que o coloca à margem do social, haja vista a impossibilidade de compreensão do seu comportamento em relação aos demais integrantes

---

[147] Kierkegaard, 2000, p. 335.

da totalidade ético-jurídica e político-social em uma construção que o priva de qualquer conteúdo lógico-racional capaz de fundamentar a sua ação.

Dessa forma, convergindo para condená-lo ao silêncio, o processo que encerra o ato de Abraão e que o circunscreve às fronteiras de um estado de isolamento radical que tende a reduzir tudo a si e consequentemente convergir para Deus [148], se sobrepõe à conduta do herói trágico e à possibilidade de construir argumentos capazes de justificar humanamente seu gesto em um movimento que o mantém na condição de solitário em relação ao grupo humano ao qual pertence, a despeito de que tal situação não se impõe como um estado de

---

[148] "No fundo dessa solidão, em que não se ouve qualquer voz humana, só a angústia é uma certeza. A angústia da incerteza torna-se a única certeza possível, a fé está nesta certeza angustiada, a angústia era dela mesma e da relação com Deus. Essa angústia é, além disso, tanto mais experimentada quanto, por seu meio, o homem deformou sua relação natural com Deus. Ele sente-se, portanto, paradoxalmente, tanto mais atraído para Deus quanto maiores forem seu erro e sua culpa." (Le Blanc, 2003, p. 74)

isolamento propriamente dito, na medida em que a sua existência suscita horror e simultaneamente produz identificação, tornando-o, apesar da excepcionalidade do seu caráter, um homem entre outros, tão humano quanto os demais[149].

Último estádio que guarda precedência em relação à fé, a resignação infinita implica um movimento que converge para as fronteiras que encerram a emergência da consciência do valor eterno e que envolve um processo que possibilita a conquista da vida através de uma construção que traz como base o absurdo, que consiste no objeto de concepção da fé, na medida em que escapa à razão, sobrepondo-se ao inverossímil, ao inesperado, ao imprevisto. Dessa forma, se o absurdo que implica a

---

[149] Tendo em vista que "le héros tragique est solitaire sans être isolé par son caractère exceptionnel, il peut faire horreur aux autres hommes, mais cette horreur même souligne indirectement qu'il est un homme au milieu des autres; Abraham est radicalement isolé (coupé de tous les autres hommes) sans être à proprement parler seul (car il est devant Dieu)." (Politis, 2002, p. 29, grifo do autor)

fé se constitui um movimento que sob a perspectiva do infinito assinala a subsistência da possibilidade no âmbito da resignação, haja vista que encerra um exercício de posse que corresponde a uma renúncia que, contudo, não equivale a um absurdo para a razão, na esfera do mundo finito que a razão governa a impossibilidade se lhe está imbricada como uma condição permanente.

> O cavaleiro da fé tem também lúcida consciência desta impossibilidade; só o que o pode salvar é o absurdo, o que concebe pela fé. Reconhece, pois, a impossibilidade e, ao mesmo tempo, crê no absurdo; porque, se alguém imagina ter a fé sem reconhecer a impossibilidade de todo o coração e com toda a paixão da sua alma, engana-se a si próprio e o seu testemunho é absolutamente inaceitável, pois que nem sequer alcançou a resignação infinita.[150]

Representando a consciência da contradição, o sofrimento consiste em uma experiência que encerra a necessidade envolvendo a busca de sentido através de um processo capaz de conferir recursos afetivo-intelectuais, ético-lógicos e volitivos que contribuam

---

[150] Kierkegaard, 1979c, p. 136.

para a formação de uma estrutura que possibilite a sua superação, tal como a exemplificação referente ao herói trágico e à justificativa em função da sua dor e aflição, cujo conteúdo tende a promover a "racionalização" do acontecimento, tornando-o tolerável, cuja possibilidade escapa ao Cavaleiro da Fé, que permanece relegado às fronteiras do silêncio em uma construção que converge para o absurdo[151] e encerra como única explicação para Abraão o ato de

---

[151] Tendo em vista que, conforme expõe Climacus/Kierkegaard, "o absurdo é, justamente pela repulsa objetiva, o dinamômetro da fé na interioridade. Então, há um homem que quer ter a fé; a comédia já pode começar. Ele quer ter a fé, mas quer estar seguro, com a ajuda da consideração objetiva e da aproximação. O que acontece? Com a ajuda da aproximação, o absurdo se torna uma outra coisa; torna-se provável, torna-se mais provável, torna-se talvez extraordinariamente e sumamente provável. Agora aí está, ele agora deve estar em condições de crer, e ousa dizer de si mesmo que não crê como sapateiros e alfaiates e como a gente simples, porém só depois de longa consideração. Agora ele deve estar em condições de crer, mas, vejam, agora crer se tornou de fato impossível. O quase provável, o provável, o extraordinariamente e sumamente provável – isso ele pode quase saber, ou praticamente saber, extraordinariamente e no mais alto grau, quase *saber* – mas crer nisso, é algo que não dá para fazer, pois o absurdo é justamente o objeto da fé, e a única coisa que se pode crer." (Kierkegaard, 2013b, p. 222, grifos do autor)

Deus "colocá-lo à prova"[152] através de um movimento que, em última instância, possibilita a expressão daquilo que Deus requer de todos os homens em relação a Si, a saber, o amor, mas o amor na totalidade do seu coração, da sua alma e da sua força[153].

Sobrepondo-se à concepção de uma conduta resultante de uma imposição da exterioridade pela influência de uma força coerciva, a obediência implicada no ato de Abraão guarda correspondência com o amor na totalidade do seu ser, na medida em que escapa à possibilidade de consistir em uma

---

[152] Nesta perspectiva, cabe sublinhar que na mensagem de Deus para Abraão há a referência à necessidade de que o patriarca hebreu tome Isaque e se dirija à Terra de Moriá (*Mowriyah* ou *Moriyah*, que corresponde literalmente a "o mostrado por Jeová" ou "o escolhido por Javé") a fim de oferecê-lo em holocausto a Jeová (Gn 22,2), tornando-se relevante o uso da palavra hebraica *yachid* (ou *yachiyd*) em relação a Isaque, traduzida por "único" (e que tem também o seguinte significado: só, só um, solitário, um, sozinho, filho único) e que implica o pensamento de afeto mais profundo.

[153] "Amarás, pois, o SENHOR, teu Deus, de todo o teu coração, de toda a tua alma e de toda a tua força." (Bíblia de Estudo de Genebra, Deut 6,5, 1999, p. 209)

reação de defesa ou proteção diante de uma iminente ameaça a sua integridade, perfazendo, antes, uma necessidade imbricada na própria relação com o Absoluto em um movimento de negação de si que, em face da referida situação-limite, encerra o clímax da dedicação e da lealdade do patriarca hebreu.

> Então, do céu bradou pela segunda vez o Anjo do SENHOR a Abraão e disse: Jurei, por mim mesmo, diz o SENHOR, porquanto fizeste isso e não me negaste o teu único filho, que deveras te abençoarei e certamente multiplicarei a tua descendência como as estrelas dos céus e como a areia na praia do mar; a tua descendência possuirá a cidade dos seus inimigos, nela serão benditas todas as nações da terra, porquanto obedeceste à minha voz.[154]

Resultando do movimento de fé instaurado através da experiência existencial que Abraão inaugura na medida em que nas fronteiras da angústia e do desespero se dispõe a oferecer Isaque, o seu único filho, como holocausto a Deus, correspondendo a Sua vontade, em um processo que, baseado em um amor incondicional e em uma

---

[154] Bíblia de Estudo de Genebra, Gn 22,15-18, 1999, p. 41.

obediência irrestrita, converge para a *relação absoluta com o Absoluto*, o juramento[155] de Javé pelo Seu próprio Nome e por Si Mesmo atribui a escolha de Israel e a sua condição de portadora da bênção prometida a todos os povos da terra não aos méritos da nação nem as suas obras mas a Sua palavra, empenhada por Jeová antes do advento da Lei e do arcabouço de normas e regras instituídas a fim de regular a conduta humana e reger os atos e os comportamentos dos homens entre si e diante de

---

[155] "Pois, quando Deus fez a promessa a Abraão, visto que não tinha ninguém superior por quem jurar, jurou por si mesmo, dizendo: Certamente, te abençoarei e te multiplicarei. E assim, depois de esperar com paciência, obteve Abraão a promessa. Pois os homens juram pelo que lhes é superior, e o juramento, servindo de garantia, para eles, é o fim de toda contenda. Por isso, Deus, quando quis mostrar mais firmemente aos herdeiros da promessa a imutabilidade do seu propósito, se interpôs com juramento, para que, mediante duas coisas imutáveis, nas quais é impossível que Deus minta, forte alento tenhamos nós que já corremos para o refúgio, a fim de lançar mão da esperança proposta; a qual temos por âncora da alma, segura e firme e que penetra além do véu, onde Jesus, como precursor, entrou por nós, tendo-se tornado sumo sacerdote para sempre, segundo a ordem de Melquisedeque." (Bíblia de Estudo de Genebra, Hb 6,13-20, 1999, p. 1470-1471)

Abraão e a fé como princípio do *novo ser* e do *novo modo de existência*
Luiz Carlos Mariano da Rosa

Javé[156].

"Ele creu no SENHOR, e isso lhe foi imputado para justiça"[157]. À justificação pela fé atribuída a Abraão diante da promessa do herdeiro, em um processo no qual Deus projeta a sua posteridade às estrelas, impõe-se as suas obras, que convergem para o oferecimento do seu filho Isaque em sacrifício sobre o altar no Monte Moriá em um movimento que

---

[156] "Deus não aceitou a Israel por causa de seus méritos, mas por causa de sua própria promessa. Por pura **graça** o prometeu, por pura graça também o cumpriu. Por isso, diz São Paulo, em Gl 3.17s., que, quatrocentos anos antes de ter dado a Lei a Moisés, Deus se havia comprometido com Abraão, para que, de forma alguma, alguém pudesse gloriar-se e dizer que tivesse merecido essa graça e promessa por meio da Lei ou por meio de obras da Lei. A promessa de Deus a Abraão se encontra, principalmente, em Gn 12.3 e 22.16-18: "Jurei por Mim Mesmo: Em tua descendência serão benditas todas as gerações ou todos os povos da terra". São Paulo e todos os profetas têm estas palavras em alta conta, como é justo. Pois nessas palavras foi preservado e salvo Abraão juntamente com todos os seus descendentes, e também todos nós haveremos de ser salvos nelas; porque nelas está contido Cristo, prometido como Salvador de todo o mundo." (Bíblia Sagrada com Reflexões de Lutero, Gn 22.16, 2012, *OS 6,73*, grifo do autor)

[157] Bíblia de Estudo de Genebra, Gn 15,6, 1999, p. 32.

envolve a correlação que encerra fé e obras[158] através de um ato que implica certeza e convicção no sentido de substância das promessas de Deus e perfaz um movimento que guarda correspondência com o exercício que implica a posse imediata e a propriedade absoluta da realidade exposta pelo *Lógos* como a Sua revelação verbal[159].

---

[158] "Ao analisar a vida de Abraão, Tiago declara que a fé mencionada em Gênesis 15.6 é demonstrada no desejo de sacrificar em Gênesis 22.1 (Tg 2.18-25). O ministério de Paulo exige um destaque para o fato de que obras sem fé são mortas, ao passo que o de Tiago requer o comentário enfático: 'a fé sem obras é morta'. Tanto Paulo quanto Tiago deram prioridade à fé, pois sabiam qual texto aparece primeiro no cânon (v. Rm 4.10; Tg 2.23). Ambos reconheceram que a fé funciona como alicerce. Ambos perceberam ter brotado dessa fé uma obediência lógica, essencial, histórica e prática. Sem fé, promessas não passam de palavras. Sem obediência, 'fé' é um assentimento meramente mental, emocional ou verbal, desse modo não possuindo substância real alguma. A fé de Abraão possuía substância. Os escritores do NT procuraram garantir que ninguém que afirmasse ser da linhagem de Abraão deixasse de ter a fé substantiva de seu antepassado." (House, 2005, p. 96)

[159] "Ora, a fé é a certeza de coisas que se esperam, a convicção de fatos que se não vêem" (Bíblia de Estudo de Genebra, Hb 11, 1, 1999, p. 1477). Nesta perspectiva, cabe recorrer à Bíblia Apologética de Estudo, que registra a seguinte versão: "ORA, a fé é o firme fundamento das coisas que se esperam, e a prova

Ao paradoxo do intelecto impõe-se *a verdade enquanto experiência subjetiva* em uma construção que encerra o sofrimento em seu clímax na medida em que implica a sua gestação através de um processo que se sobrepõe ao conjunto de normas éticas interindividuais institucionalizadas e ao arcabouço de valores, condutas e práticas que perfaz o *ético* e o *geral* (ou *universal*), constituindo a sua *suspensão teleológica* a condição fundamental para a realização deste movimento radical que se desenvolve nas fronteiras entre o finito e o infinito e que, consistindo no salto qualitativo corporificado pela fé, converge para a transposição do abismo que separa o ético do religioso e a superação do desafio do desespero que se interpõe ao antagonismo que emerge na relação que abrange o princípio moral e a ordem de Deus e engendra a espiritualidade individual.

---

das coisas que se não vêem." (Bíblia Apologética de Estudo, 2005, p. 1244)

Nesta perspectiva, sobrepondo-se à concepção moral baseada no *geral* e ao processo que envolve o drama sagrado do Cosmo e a necessidade da repetição de gestos arquetípicos em um movimento que diverge totalmente das práticas sacrificiais das comunidades arcaicas e da reatualização da *história sagrada* e a possibilidade do alcance do real e do significativo, se Abraão instaura uma *nova experiência existencial* em um movimento que consiste na *relação absoluta com o Absoluto* e implica a capacidade de atingir a condição absoluta de obediência, confiança e amor, convergindo para as fronteiras que encerram o *absurdo* imbricado no *ato de fé*, Jesus Cristo, o *Deus-Homem*, que se constitui no cumprimento das promessas de Deus ao patriarca hebreu concernente a sua descendência espiritual[160].

---

[160] Nesta perspectiva, cabe sublinhar que a encarnação do *Lógos* guarda correspondência com a mensagem de Deus dirigida à serpente no pronunciamento de juízo acarretado pelo ato de desobediência de Adão e Eva, que converge para a ruptura do relacionamento entre Criador e Criatura em sua condição originaria e resulta na instauração do atual estado de existência:

Dessa forma, instituindo o *novo ser* e o *novo modo de existência* para cujas fronteiras convergem a experiência existencial de Abraão, a manifestação do *Deus-Homem* guarda correspondência com o exercício da fé que, além de pressupor que "tudo é possível" para Deus, tende a mostrar que "tudo é possível" para o homem, segundo Mircea Eliade, que atribui ao seu exercício o caráter de "uma liberdade preeminentemente criativa. Em outras palavras, constitui uma nova fórmula para a colaboração do homem com a Criação – a primeira, mas também a única fórmula a ele concedida desde que o tradicional horizonte dos arquétipos e repetição foi

---

"Perguntou-Lhe Deus: Quem te fez saber que estavas nu? Comeste da árvore de que te ordenei que não comesses? Então, disse o homem: A mulher que me deste por esposa, ela me deu da árvore, e eu comi. Disse o SENHOR Deus à mulher: Que é isso que fizeste? Respondeu a mulher: A serpente me enganou, e eu comi. Então, o SENHOR Deus disse à serpente: Visto que isso fizeste, maldita és entre todos os animais domésticos e o és entre todos os animais selváticos; rastejarás sobre o teu ventre e comerás pó todos os dias da tua vida. *Porei inimizade entre ti e a mulher, entre a tua descendência e o seu descendente. Este te ferirá a cabeça, e tu lhe ferirás o calcanhar.*" (Bíblia de Estudo de Genebra, Gn 3,11-15, 1999, p. 14, grifos meus)

ultrapassado"[161].

---

[161] Eliade, 1992, p. 153.

REFERÊNCIAS BIBLIOGRÁFICAS

A BÍBLIA VIDA NOVA. Tradução de João Ferreira de Almeida. Edição revista e atualizada no Brasil (Editor: Russell P. Shedd). São Paulo / Brasília: Vida Nova / Sociedade Bíblica do Brasil, 1995.

ADORNO, Theodor. **Kierkegaard.** Construcción de lo estético. Madrid: Akal, 2006.

ALMEIDA, Jorge M. VALLS, Álvaro L. M. **Kierkegaard.** Rio de Janeiro: Jorge Zahar, 2007.

BAAS, Bernard. Don Giovanni e as vozes do desejo. **Revista Estudos Lacanianos**, Belo Horizonte: UFMG, v. 3, n. 4, s/n, 2010.

BENJAMIN, Walter. **Rua de mão-única**: obras escolhidas. Volume II. Tradução de Rubens Rodrigues Torres Filho e José Carlos Martins Barbosa. São Paulo: Brasiliense, 1995.

BÍBLIA APOLOGÉTICA DE ESTUDO. Antigo e Novo Testamentos (incluindo notas de estudo e auxílios). Tradução de João Ferreira de Almeida.

Edição corrigida e revisada (fiel ao texto original). 2. ed. Jundiaí / SP: Instituto Cristão de Pesquisas, 2005.

BÍBLIA DE ESTUDO DE GENEBRA. Tradução de João Ferreira de Almeida. Revista e Atualizada. São Paulo / Barueri: Cultura Cristã / Sociedade Bíblica do Brasil, 1999.

BÍBLIA SAGRADA COM REFLEXÕES DE LUTERO. Nova tradução na linguagem de hoje. São Paulo: Sociedade Bíblica do Brasil, 2012.

BRETAS, Aléxia. Don Juan, flâneur do amor. **O que nos faz pensar**, Rio de Janeiro: PUC-Rio, v. 24, n. 36, p. 383-404, mar. 2015.

BULTMANN, Rudolf. **Teologia do Novo Testamento**. Tradução de Ilson Kayser. Santo André: Editora Academia Cristã, 2008.

BUSWELL, JR., J. Oliver. **Teología Sistemática.** Tomo I: Dios y Su revelación. 2. ed. Miami/Flórida - EUA: Logoi, Inc., 2005.

CALVINO, João. **As Institutas da Religião Cristã**

(Vol. 1). Tradução de Waldyr Carvalho Luz. São Paulo: Cultura Cristã, 2006a.

CALVINO, João. **As Institutas da Religião Cristã (Vol. 2)**. Tradução de Waldyr Carvalho Luz. São Paulo: Cultura Cristã, 2006b.

CALVINO, João. **As Institutas da Religião Cristã (Vol. 3)**. Tradução de Waldyr Carvalho Luz. São Paulo: Cultura Cristã, 2006c.

CALVINO, João. **As Institutas da Religião Cristã (Vol. 4)**. Tradução de Waldyr Carvalho Luz. São Paulo: Cultura Cristã, 2006d.

DICIONÁRIO Enciclopédico da Bíblia. São Paulo: Paulus Editora, 2014.

ELIADE, Mircea. **Mito do eterno retorno**. Tradução de José A. Ceschin. São Paulo: Mercuryo, 1992.

FARAGO, France. **Compreender Kierkegaard.** São Paulo: Vozes, 2005.

GILLES, Thomas Ranson. **História do Existencialismo e da Fenomenologia**. São

Paulo: EPU – Editora da Universidade de São Paulo, 1971.

GOUVÊA, Ricardo Quadros. **A Palavra e o silêncio:** Kierkegaard e a relação dialética entre fé e razão em Temor e tremor. São Paulo: Alfarrabio: Custom, 2002.

GRAMMONT, Guiomar de. **Don Juan, Fausto e o Judeu Errante em Kierkegaard.** Petrópolis: Catedral das Letras, 2003.

GRØN, Arne. El concepto de la angustia en la obra de Kierkegaard. In: El concepto de la angustia, 150 años después. **Thémata: Revista de Filosofia**, n. 15, p. 15-30, Sevilla: Universidad de Servilla, 1995.

HEGEL, Georg Wilhelm Friedrich. **Princípios da filosofia do direito**. Tradução de Orlando Vitorino. São Paulo: Martins Fontes, 1997.

HOUSE, Paul R. **Teologia do Antigo Testamento**. Tradução de Sueli Silva Saraiva. São Paulo: Editora Vida, 2005.

JASPERS, Karl. **Filosofia.** Tomo I. Traduccion del

aleman por Fernando Vela. San Juan/Puerto Rico: Ediciones de la Universidad de Puerto Rico, 1958.

KIERKEGAARD, Søren Aabye. **As Obras do Amor:** algumas considerações cristãs em forma de discursos. Apresentação e Tradução de Álvaro Luiz Montenegro Valls (Revisão da tradução de Else Hagelund). 4. ed. Bragança Paulista: Editora Universitária São Francisco/Petrópolis: Vozes, 2013a.

KIERKEGAARD, Søren Aabye. **Diario.** Tradução de Cornélio Fabro. 8. ed. Milão: Rizzoli, 2000. (Bur classici).

KIERKEGAARD, Søren Aabye. **Diário de um sedutor.** Tradução de Carlos Grifo. São Paulo: Abril Cultural, 1979a.

KIERKEGAARD, Søren Aabye. **Ejecitación del cristianismo.** Prólogo y traducción del danés de Demetrio Gutiérrez Rivero. Madrid/Espanha: Editorial Trotta, 2009.

KIERKEGAARD, Søren Aabye. **El concepto de la**

angustia. Una sencilla investigación psicológica orientada hacia el problema dogmático del pecado original. Introducción por José Luis L. Aranguren. 2. ed. Madrid: Espasa-Calpe, S. A., 1982.

KIERKEGAARD, Søren Aabye. **Estética y ética**. Tradução de Armand Marot. Buenos Aires: Editorial Nova, 1955.

KIERKEGAARD, Søren Aabye. **O Desespero humano**. Adolfo Casais Monteiro. São Paulo: Abril Cultural, 1979b.

KIERKEGAARD, Søren Aabye. **O lo uno O lo otro I**. Madrid: Trotta, 2006.

KIERKEGAARD, Søren Aabye. **Pós-escrito às migalhas filosóficas**. V. 1. Petrópolis-RJ / Bragança Paulista-SP: Vozes / Editora Universitária São Francisco, 2013b.

KIERKEGAARD, Søren Aabye. **Tremor e Temor**. Tradução de Maria José Marinho. São Paulo: Abril Cultural, 1979c.

LE BLANC, Charles. **Kierkegaard.** São Paulo:

Estação Liberdade, 2003.

MARIANO DA ROSA, Luiz Carlos. Abraão como protótipo de uma nova existência em Mircea Eliade e a fé como movimento envolvendo o finito e o infinito em Kierkegaard. **Revista Diversidade Religiosa – UFPB**, v. 8, n. 1, p. 140-166, João Pessoa/PB, jun. 2018a.

MARIANO DA ROSA, Luiz Carlos. Kierkegaard e a transformação do sujeito em si mesmo entre a vertigem da liberdade e o paradoxo absoluto da fé. **Correlatio – UMESP**, v. 17, n. 1, p. 5-31, São Paulo/SP, jun. 2018b.

MCGRATH, Alister E. **Teologia sistemática, histórica e filosófica**: uma introdução à teologia cristã. 1. ed. São Paulo: Shedd Publicações, 2005.

MORA, José Ferrater. **Dicionário de filosofia**. Tomo IV (Q-Z). Tradução de Maria Stela Gonçalves et al. 2. ed. São Paulo: Loyola, 2004.

PACHECO, Marcio de Lima. Kierkegaard: a suspensão ética e a imparidade do indivíduo,

Clareira, **Revista de Filosofia da Região Amazônica**. Porto Velho: Fundação Universidade Federal de Rondônia, v. 1, n. 1, jan./jul. 2014.

PAULA, Márcio Gimenes de. **Socratismo e Cristianismo em Kierkegaard**: o escândalo e a loucura. São Paulo: Annablume, 2001.

PFEIFFER, Charles F.; VOS, Howard F.; REA, John. **Dicionário bíblico Wycliffe**. Tradução de Degmar Ribas Júnior. 2. ed. Rio de Janeiro: CPAD, 2007.

POLITIS, Hélène. **Le vocabulaire de Kierkegaard**. Paris: Elipses Édition Marketing S.A, 2002.

PROTÁSIO, Myrian Moreira. **O si mesmo e as personificações da existência finita:** comunicação indireta rumo a uma ciência existencial. Rio de Janeiro: IFEN, 2015.

REICHMANN, Ernani. **Textos selecionados por Ernani Reichmann**. Curitiba: UFPR, 1978.

ROUANET, Sérgio Paulo. Adorno e Kierkegaard. **Estudos Avançados.** São Paulo: USP, v. 27, n. 79, p. 147-156, 1 jan. 2013.

SILVA, Luís de Oliveira e. Estética e Ética em Kierkegaard e Pessoa. **Revista da Faculdade de Ciências Sociais e Humanas.** Lisboa: Universidade Nova de Lisboa, 1988, p. 261-272.

TILLICH, Paul. **Teologia Sistematica (II).** La existencia y Cristo. Tradujo: Damián Sánchez-Bustamante Páez. 3. ed. Salamanca: Ediciones Sígueme, 1982.

VALLS, Álvaro Luiz de Montenegro. **Kierkegaard, cá entre nós.** São Paulo: LiberArs, 2012.

VINE, W. E.; UNGER, Merril F.; WHITE JR., William. **Dicionário Vine.** O significado exegético e expositivo das palavras do Antigo e do Novo Testamento. Tradução de Luís Aron de Macedo. Rio de Janeiro: CPAD, 2002.

WAHL, Jean. **Kierkegaard:** l'Un devant l'Outre. Paris: Hachette, 1998.

WILLIAMS, J. Rodman. **Teologia sistemática**: uma perspectiva pentecostal. Tradução de Sueli Saraiva e Lucy Hiromi Kono Yamakami. São Paulo: Editora Vida, 2011.

BIBLIOGRAFIA DO AUTOR
[Ordem cronológica]

Livros

MARIANO DA ROSA, L. C. **Até que o tempo, prenhe de agoras, transborde e acorde o "não-sei-quê" de mim.** 1. ed. São Paulo: Politikón Zôon Publicações, 2016, v. 1, 170 p.

MARIANO DA ROSA, L. C. **Quase sagrado.** 2. ed. São Paulo: Politikón Zôon Publicações, 2019, v. 2, 172 p.

MARIANO DA ROSA, L. C. **A transformação do sujeito em si mesmo e a fé como *relação absoluta com o Absoluto* em Kierkegaard: Abraão, "Pai da Fé" e "Amigo de Deus", como protótipo de um *novo ser* e de um *novo modo de existência*.** 1. ed. São Paulo: Politikón Zôon Publicações, 2019, v. 1, 179 p.

MARIANO DA ROSA, L. C. **A transformação do sujeito em si mesmo e a fé em Kierkegaard:**

Abraão, "Pai da Fé" e "Amigo de Deus", como protótipo de um novo ser e de um novo modo de existência. 1. ed. Beau Bassin, Mauritius: Novas Edições Acadêmicas (OmniScriptum Publishing Group), 2018, v. 1, 105 p.

MARIANO DA ROSA, L. C. **Da propriedade como fundamento ético-jurídico e econômico-político em Locke à vontade geral e o sistema autogestionário em Rousseau.** 1. ed. São Paulo: Politikón Zôon Publicações, 2018, v. 1, 214 p.

MARIANO DA ROSA, L. C. **Os Direitos da Razão e a sua Autoprodução entre o Sistema de Conhecimento de Descartes, o Projeto Crítico de Kant e o Idealismo Absoluto de Hegel.** 1. ed. São Paulo: Politikón Zôon Publicações, 2018, v. 1, 198 p.

MARIANO DA ROSA, L. C. **Hobbes, Locke e Rousseau: Do direito natural burguês e a instituição da soberania estatal à vontade geral e o exercício da soberania popular.** 1. ed.

São Paulo: Politikón Zôon Publicações, 2017, v. 1, 188 p.

MARIANO DA ROSA, L. C. **O direito de ser homem: liberdade e igualdade em Rousseau.** 1. ed. Saarbrücken, Alemanha: Novas Edições Acadêmicas (OmniScriptum Publishing Group), 2017, v. 1, 96 p.

MARIANO DA ROSA, L. C. **Determinismo e liberdade: a condição humana *entre os muros da escola*.** 1. ed. São Paulo: Politikón Zôon Publicações, 2016. v. 1, 390 p.

MARIANO DA ROSA, L. C. **O direito de ser homem: da alienação da desigualdade social à autonomia da sociedade igualitária na teoria política de Jean-Jacques Rousseau.** 1. ed. São Paulo: Politikón Zôon Publicações, 2015. v. 1, 150 p.

MARIANO DA ROSA, L. C. **Mito e filosofia: do *homo poeticus*.** 1. ed. São Paulo: Politikón Zôon Publicações, 2014. v. 1, 219 p.

MARIANO DA ROSA, L. C. **Quase sagrado**. 1. ed. São Paulo: Politikón Zôon Publicações, 2014. v. 1, 123 p.

MARIANO DA ROSA, L. C. **O todo essencial**. 1. ed. Lisboa: Universitária Editora, 2005. v. 1, 167 p.

Artigos

MARIANO DA ROSA, L. C. A fé como "salto qualitativo" e as três possibilidades existenciais fundamentais em Kierkegaard: o esforço de conquista de si mesmo, a harmonização com a generalidade do bem e do mal e a espiritualidade individual e a autenticidade existencial. **Guairacá - Revista de Filosofia / UNICENTRO - Universidade Estadual do Centro-Oeste [Guarapuava, PR]**, v. 36, n. 1, p. 192-218, jun. 2020.

MARIANO DA ROSA, L. C. A fé como "salto qualitativo" e as três possibilidades existenciais fundamentais em Kierkegaard: o esforço de conquista de si mesmo, a harmonização com a generalidade do bem e do mal e a espiritualidade individual e a autenticidade existencial. **Revista Ítaca 34 / UFRJ - Universidade Federal do Rio de Janeiro**, n. 34, p. 90-123, jan./dez. 2019.

MARIANO DA ROSA, L. C. A fé como "salto qualitativo" em Kierkegaard e o desespero da busca do Absoluto na imanência entre o poeta, o herói trágico e o cavaleiro da fé. **Cadernos Zygmunt Bauman - UFMA [São Luís, MA]**, v. 9, n. 21, p. 304-331, set./dez. 2019.

MARIANO DA ROSA, L. C. Abraão e a espiritualidade individual como base da existência autêntica em Kierkegaard: da fé como *relação absoluta com o absoluto* à fé como a encarnação do absoluto no Deus-Homem Jesus Cristo. **Teoliterária - Revista de Literaturas e Teologias [PUC-SP]**, v. 8, n. 18, p. 443-482, jun./dez. 2019.

MARIANO DA ROSA, L. C. Da vontade geral como *poder de fato* e *poder de direito*: do exercício da soberania popular entre a unidade multíplice da sociedade (*unitas ordinis*) e a totalidade político-jurídica e econômico-social do Estado, **Revista Opinião Filosófica [Porto Alegre, RS]**, v. 10, n. 1, jan./jun. 2019.

MARIANO DA ROSA, L. C. Abraão e a fé paradigmática: da *relação absoluta com o absoluto* à encarnação do absoluto no Deus-Homem Jesus Cristo. **Revista Eletrônica Espaço Teológico / REVELETEO [PUC-SP]**, v. 13, n. 23, p. 13-37, jan./jun. 2019.

MARIANO DA ROSA, L. C. *Poder de fato* e *poder de direito* no exercício da soberania popular: da vontade geral como condição para a instauração da democracia participativa. **Revista Urutágua – UEM [Maringá, PR]**, v. 38, 2019.

MARIANO DA ROSA, L. C. Da vontade geral como poder de fato e poder de direito: do exercício da soberania popular entre a unidade multíplice da sociedade (*unitas ordinis*) e a totalidade político-jurídica e econômico-social do Estado. **Polymatheia / Revista de Filosofia – UECE [Fortaleza, CE]**, v. 12, n. 20, p. 11-39, jan./jun. 2019.

MARIANO DA ROSA, L. C. Da vontade geral como poder de fato e poder de direito: do exercício da soberania popular entre a unidade multíplice da sociedade (*unitas ordinis*) e a totalidade político-jurídica e econômico-social do Estado. **Meritum, Revista de Direito da Universidade FUMEC / Faculdade de Ciências Humanas, Sociais e da Saúde [Belo Horizonte, MG]**, v. 14, n. 1, p. 114-139, jan./jun. 2019.

MARIANO DA ROSA, L. C. Sedução, virtude moral e fé como "salto qualitativo" em Kierkegaard: o existente singular entre a possibilidade, a realidade e o absoluto. **Occursus / Revista de Filosofia –**

UECE [Fortaleza, CE], v. 4, n. 1, p. 36-64, jan./jun. 2019.

MARIANO DA ROSA, L. C.. Abraão e a fé prototípica: da fé como paradoxo absoluto à fé como encarnação do absoluto no Deus-homem Jesus Cristo. **PLURA, Revista de Estudos de Religião / *Journal for the Study of Religion* [ABHR - Associação Brasileira de História das Religiões]**, v. 9, n. 2, p. 162-184, jul./dez. 2018.

MARIANO DA ROSA, L. C. Abraão, "Pai da Fé" e "Amigo de Deus", como protótipo de uma nova existência e a fé como *relação absoluta com o absoluto* em Kierkegaard, **Revista Húmus - UFMA [São Luís, MA]**, v. 7, n. 24, p. 243-264, set./dez. 2018.

MARIANO DA ROSA, L. C. Kierkegaard e a transformação do sujeito em si mesmo entre a vertigem da liberdade e o paradoxo absoluto da fé. **Revista Filosofia Capital – RFC [Brasília, DF]**, v. 13, n. 20, p. 30-46, dez. 2018.

MARIANO DA ROSA, L. C. Kierkegaard e a transformação do sujeito em si mesmo entre a vertigem da liberdade e o paradoxo absoluto da fé. **Saberes: Revista Interdisciplinar de Filosofia e Educação – UFRN [Natal, RN]**, v. 19, n. 2, p. 26-47, ago. 2018.

MARIANO DA ROSA, L. C. Kierkegaard e a transformação do sujeito em si mesmo entre a vertigem da liberdade e o paradoxo absoluto da fé. **Correlatio – UMESP [São Paulo, SP]**, v. 17, n. 1, p. 5-31, ago. 2018.

MARIANO DA ROSA, L. C. Kierkegaard e a transformação do sujeito em si mesmo entre a vertigem da liberdade e o paradoxo absoluto da fé. **Cadernos Zygmunt Bauman - UFMA [São Luís, MA]**, v. 8, n. 17, p. 142-165, ago. 2018.

MARIANO DA ROSA, L. C. A oração entre as práticas mágico-religiosas do politeísmo e o *relacionamento pactual* do monoteísmo: da superação do *determinismo da história* em Mircea

Eliade à *presença do mistério do ser* em Paul Tillich. **Revista Teológica Doxia – FABRA [PUC-RJ]**, v. 3, n. 3, p. 46-75, jun. 2018.

MARIANO DA ROSA, L. C. Abraão como protótipo de uma nova existência em Mircea Eliade e a fé como movimento envolvendo o finito e o infinito em Kierkegaard. **Revista Diversidade Religiosa – UFPB [João Pessoa, PB]**, v. 8, n. 1, p. 140-166, jun. 2018.

MARIANO DA ROSA, L. C. Abraão, "Pai da Fé" e "Amigo de Deus", como protótipo de um *novo modo de existência* em Mircea Eliade e a fé como *relação absoluta com o absoluto* em Kierkegaard. **Revista Litterarius – Faculdade Palotina [Santa Maria, RS]**, v. 17, n. 1, p. 1-25, jun. 2018.

MARIANO DA ROSA, L. C. O sistema escolar entre o espaço social e o *habitus* segundo o estruturalismo construtivista de Bourdieu. **Revista Interfaces da Educação - UEMS [Paranaíba-MS]**, v. 9, n. 25, p. 273-303, jun. 2018.

DA ROSA, L. C. M. Kierkegaard e a transformação do sujeito em si mesmo entre a vertigem da liberdade e o paradoxo absoluto da fé. **Revista Eletrônica Espaço Teológico / REVELETEO [PUC-SP]** v. 12, n. 21, p. 68-86, jan./jun. 2018.

MARIANO DA ROSA, L. C. A vontade geral e o sistema autogestionário: necessidade, possibilidade e desafios. **Revista Ensaios – UFF [Niterói, RJ]**, v. 11, n. 2, p. 114-139, jul./dez. 2017.

ROSA, L. C. M. O sistema escolar entre o espaço social e o *habitus* segundo o estruturalismo construtivista de Bourdieu. **Revista Eletrônica de Educação da Faculdade Araguaia - RENEFARA [Goiânia, GO]**, v. 11, n. 1, jun. 2017.

ROSA, L. C. M. A vontade geral e o sistema autogestionário: necessidade, possibilidade e desafios. **REVISTA ORG & DEMO [Marília, SP]**, v. 18, n. 1, p. 37-60, jan. 2017.

ROSA, L. C. M. da. A vontade geral e o sistema autogestionário: necessidade, possibilidade e desafios. **Revista Opinião Filosófica [Porto Alegre, RS]**, v. 8, n. 1, p. 476-509, jan. 2017.

MARIANO DA ROSA, L. C. A vontade geral e o sistema autogestionário: necessidade, possibilidade e desafios. **Polymatheia - Revista de Filosofia [Fortaleza, CE]**, v. 10, n. 16, jan. 2017.

ROSA, L. C. M. da. O sistema escolar entre o espaço social e o *habitus* segundo o estruturalismo construtivista de Bourdieu. **Revista Eletrônica Pesquiseduca - Universidade Católica de Santos [Santos - SP]**, v. 9, n. 17, p. 91-115, jan. 2017.

MARIANO DA ROSA, L. C. O sistema escolar entre o espaço social e o *habitus* segundo o estruturalismo construtivista de Bourdieu. **Revista Filosofia Capital – RFC [Brasília, DF]**, v. 12, n. 19, p. 51-68, jan. 2017.

ROSA, L. C. M. O processo formativo-educacional entre a integração durkheimiana e a alienação marxiana. **Cadernos Zygmunt Bauman / UFMA**

[São Luís, MA], v. 6, n. 12, p. 51-85, 2016 [*O legado de Bauman*].

MARIANO DA ROSA, L. C. A vontade geral como processo ético-jurídico de deliberação coletiva e movimento econômico-político de institucionalização do poder. **Revista Direito em Debate – Revista do Departamento de Ciências Jurídicas e Sociais da UNIJUI [Ijuí, RS]**, Ano XXV, n. 46, p. 94-120, jul./dez. 2016.

MARIANO DA ROSA, L. C. A soberania entre a renúncia dos direitos ilimitados do contrato hobbesiano e a *"alienação* verdadeira" do pacto rousseauniano. **Revista Filosofia Capital – RFC [Brasília, DF]**, v. 11, n. 18, p. 43-61, jan./dez. 2016 [*Discussões filosóficas acerca dos fenômenos da existência humana*].

MARIANO DA ROSA, L. C. O sistema educacional e a racionalização burocrática entre a tipologia das ações humanas e a teoria da dominação de Weber. **Saberes, Revista Interdisciplinar de Filosofia** e Educação / UFRN [Natal, RN]**, v. 1, n. 14, p. 81-107, out. 2016.

MARIANO DA ROSA, L. C. A propriedade como fundamento ético-jurídico e econômico-político em Locke. **Revista Húmus / UFMA [São Luís, MA]**, v. 6, n. 17, p. 80-102, ago. 2016 [*Política, amizade e liberdade na modernidade*].

MARIANO DA ROSA, L. C. A soberania entre a renúncia dos direitos ilimitados do contrato hobbesiano e a "*alienação* verdadeira" do pacto rousseauniano. **Revista de Ciências Humanas - Educação e Desenvolvimento Humano / UNITAU [Taubaté, SP]**, v. 9, n. 1, ed. 16, p. 115 - 130, jun. 2016 [*Políticas Educacionais*].

ROSA, L. C. M. A lei natural, o direito de propriedade e a coexistência das liberdades: individualismo moderno e liberalismo político no contratualismo de Locke. **Revista Opinião Filosófica [Porto Alegre, RS]**, v. 7, n. 1, p. 303-332, jun. 2016 ["*Dead Dogs Never Die: Hegel and Marx*"].

ROSA, L. C. M. da. A soberania entre a renúncia dos direitos ilimitados do contrato hobbesiano e a "*alienação* verdadeira" do pacto rousseauniano. **Akrópolis – Revista de Ciências Humanas da UNIPAR [Umuarama, PR]**, v. 24, n. 1, p. 71-84, jan./jun. 2016.

MARIANO DA ROSA, L. C. A lei natural, o direito de propriedade e a coexistência das liberdades: individualismo moderno e liberalismo político no contratualismo de Locke. **Filosofando: Revista Eletrônica de Filosofia da UESB [Vitória da Conquista, BA]**, v. 3, n. 2, p. 54-75, jul./dez. 2015.

ROSA, L. C. M. da. Do projeto crítico kantiano: os direitos da razão entre a *lógica da verdade* e a *lógica da aparência*. **Revista Cadernos do PET Filosofia / UFPI [Teresina, PI]**, v. 6, n. 12, p. 76-91, jul./dez. 2015.

MARIANO DA ROSA, L. C. A vontade geral como condição para o exercício da soberania popular em Jean-Jacques Rousseau. **Revista Sociais e**

Humanas – UFSM [Santa Maria, RS], v. 28, n. 2, p. 9–23, mai./ago. 2015.

ROSA, L. C. M. da. Determinismo e liberdade no processo de construção do conhecimento: da condição humana *entre os muros da escola*. **Revista da Faculdade de Educação da UNEMAT [Cáceres, MT]**, v. 23, n. 1, ano 13, p. 75-97, jan./jun. 2015.

MARIANO DA ROSA, L. C. Do sistema educacional e o desafio da fundação de um novo homem entre a organização científico-técnica e a formação econômico-social. **Cadernos Zygmunt Bauman / UFMA [São Luís, MA]**, v. 5, n. 10, p. 19-41, 2015 [*O ciberpajé e a tecnociência*].

MARIANO DA ROSA, L. C. Da vontade geral como condição para o exercício da soberania popular em Jean-Jacques Rousseau. **Problemata: Revista Internacional de Filosofia [*International Journal of Philosophy*] / UFPB [João Pessoa, PB]**, v. 6, n. 2, p. 151-177, 2015.

MARIANO DA ROSA, L. C. Do sistema de conhecimento de Descartes: o "eu" como "coisa em si" e a "consciência da consciência". **Revista Filosofia Capital – RFC [Brasília, DF]**, v. 10, n. 17, p. 39-58, jan./dez. 2015 [*Ética e Noética da Transcendência: fenômenos da consciência, da vida, da morte e do espírito!*].

ROSA, L. C. M. Da vontade geral como condição para o exercício da soberania popular em Jean-Jacques Rousseau. **Revista Latitude da UNIFAL [Maceió, AL]**, v. 9, n. 1, p. 99-130, 2015.

MARIANO DA ROSA, L. C. Do sistema de conhecimento de Descartes: o "eu" como "coisa em si" e a "consciência da consciência". **Revista Húmus / UFMA [São Luís, MA]**, v. 5, p. 2-31, 2015.

ROSA, L. C. M. Do projeto crítico kantiano: os direitos da razão entre a *lógica da verdade* e a *lógica da aparência*. **Studia Kantiana [Natal, RN]**, n. 17, p. 5-26, dez. 2014.

MARIANO DA ROSA, L. C. Do direito de ser homem: da alienação da desigualdade social à autonomia da sociedade igualitária na teoria política de Jean-Jacques Rousseau. **PRACS: Revista Eletrônica de Humanidades do Curso de Ciências Sociais da UNIFAP [Macapá, AP]**, v. 7, n. 2, p. 109-133, jul./dez. 2014 [*Temas e Debates das Humanidades Contemporâneas*].

MARIANO DA ROSA, L. C. Do projeto crítico kantiano: os direitos da razão entre a *lógica da verdade* e a *lógica da aparência*. **Revista Opinião Filosófica [Porto Alegre, RS]**, v. 5, n. 2, p. 85-109, 2014 [*Filosofia & Interdisciplinaridade*].

MARIANO DA ROSA, L. C. Da vontade geral como condição para o exercício da soberania popular em Jean-Jacques Rousseau. **Revista de Ciências Humanas – Educação e Desenvolvimento Humano / UNITAU [Taubaté, SP]**, v. 7, n. 2, p. 205-232, jul./dez. 2014 [*Multiplicidade, Contextos e Interdisciplinaridade*].

MARIANO DA ROSA, L. C. Schopenhauer e Nietzsche: do dualismo metafísico ao princípio da unidade-múltipla. **Revista Húmus / UFMA [São Luís, MA]**, v. 4, n. 12, p. 59-76, 2014 [*Pluralidade e Diferença*].

MARIANO DA ROSA, L. C. Mito e filosofia: do *homo poeticus*. **Saberes: Revista Interdisciplinar de Filosofia e Educação / UFRN [Natal, RN]**, v. 1, n. 10, p. 36-65, nov. 2014.

MARIANO DA ROSA, L. C. Schopenhauer e Nietzsche: do dualismo metafísico ao princípio da unidade-múltipla. **Revista Filosofia Capital – RFC [Brasília, DF]**, vol. 9, p. 85-98, 2014 [*Edição Especial: Concepções acerca da Verdade: Subjetividade, Educação e Multidimensionalidade*].

MARIANO DA ROSA, L. C. Do bem comum da visão platônico-aristotélica à lógica hobbesiana do contrato social (da ordem mecânica da matéria à ordem final da vontade). **Revista Filosofia Capital - RFC [Brasília, DF]**, vol. 9, n. 16, p. 58-

75, jan./dez. 2014 [*A Razão Refletida: Modernidade na Ciência, na Ação, no Direito Natural e seus reflexos na Cultura Contemporânea*].

MARIANO DA ROSA, L. C. Da autoprodução da razão (do absoluto), a chave do devir e a condição humana. **Cognitio-Estudos: Revista Eletrônica de Filosofia - *Philosophy Eletronic Journal* / Centro de Estudos de Pragmatismo / PUC-SP [São Paulo, SP]**, v. 11, n. 1, p. 68-85, 2014.

MARIANO DA ROSA, L. C. O direito de ser homem: da alienação da desigualdade social à autonomia da sociedade igualitária na teoria política de Jean-Jacques Rousseau segundo a perspectiva do materialismo histórico e dialético. **Revista Portuguesa de Ciência Política - *Portuguese Journal of Political Science* / Observatório Político - Associação de Investigação em Estudos Políticos [Lisboa, Portugal]**, n. 3, p. 11-24, 2013 [*I. Do Humanismo*].

MARIANO DA ROSA, L. C. Da educação inclusiva: das diferenças como possibilidades (da teoria à prática). **Revista Zero-a-Seis / UFSC [Florianópolis, SC]**, v. 15, n. 28, p. 12-33, jul./dez. 2013.

ROSA, L. C. M. Maquiavel e Weber: a lógica do poder e a ética da ação - o "príncipe-centauro" e o "homem autêntico". **Revista de Ciências Humanas / UNITAU [Taubaté, SP]**, v. 6, n. 1, p. 120-143, 2013.

MARIANO DA ROSA, L. C. Da autoprodução da razão (do absoluto), a chave do devir e a condição humana. **Revista Tecer / Centro Universitário Metodista Izabela Hendrix [Belo Horizonte, MG]**, v. 6, n. 10, p. 31-50, mai. 2013.

DA ROSA, L. C. M. Do bem comum da visão platônico-aristotélica à lógica hobbesiana do contrato social (da ordem mecânica da matéria à ordem final da vontade). **Revista Opinião**

Filosófica [Porto Alegre, RS], v. 4, n. 1, p. 267-298, 2013 [*Normativismo e Naturalismo*].

MARIANO DA ROSA, L. C. Maquiavel e Weber: a lógica do poder e a ética da ação – O "príncipe-centauro" e o "homem autêntico". **Opsis - Revista da Unidade Acadêmica Especial História e Ciências Sociais / UFG / Regional Catalão [Catalão, GO]**, v. 13, n. 1, p. 180-199, 2013 [*Dossiê Linguagens, Tecnologias da Informação e Ensino de História*].

ROSA, L. C. M. Educação inclusiva: diferenças como possibilidades (da teoria à prática). **Poiésis - Revista do Programa de Pós-Graduação em Educação / UNISUL [Tubarão, SC]**, v. 7, n. 12, p. 324-346, 2013.

ROSA, L. C. M. Do bem comum da visão platônico-aristotélica à lógica hobbesiana do contrato social (da ordem mecânica da matéria à ordem final da vontade). **Revista Aurora / UNESP [Marília,**

SP), v. 7, p. 81-102, 2013 [*Edição Especial / Dossiê: Filosofia*].

MARIANO DA ROSA, L. C. Literatura e religião: entre o tudo-dizer e o nada-dizer [do poder-ser]. **Revista Tecer / Centro Universitário Metodista Izabela Hendrix [Belo Horizonte, MG]**, v. 5, n. 8, p. 48-60, 2012.

MARIANO DA ROSA, L. C. Literatura e religião: entre o tudo-dizer e o nada-dizer (do poder-ser). **Revista Ciências da Religião – História e Sociedade / Programa de Pós-Graduação em Ciências da Religião do Centro de Educação, Filosofia e Teologia (CEFT) da Universidade Presbiteriana Mackenzie [São Paulo, SP]**, v. 10, n. 1, p. 163-184, 2012.

MARIANO DA ROSA, L. C. Da educação inclusiva: das diferenças como possibilidades (da teoria à prática). **Revista Lentes Pedagógicas / Faculdade Católica de Uberlândia [Uberlândia, MG]**, v. 2, n. 1, p. 2-20, 2012 [*Dossiê* *infância, fundamentos e práticas pedagógicas: inclusão e superação*].

MARIANO DA ROSA, L. C. Da educação inclusiva: das diferenças como possibilidades (da teoria à prática). **Revista Lugares de Educação / UFPB [Bananeiras, PB]**, v. 2, n. 3, p. 78-97, 2012 [*Multitemático*].

ROSA, L. C. M. Maquiavel e Weber: a lógica do poder e a ética da ação – o "príncipe-centauro" e o "homem autêntico". **Revista da Católica: Ensino – Pesquisa – Extensão / Faculdade Católica de Uberlândia [Uberlândia, MG]**, v. 4, n. 8, p. 3-23, 2012 [*Filosofia*].

ROSA, L. C. M. Da autoprodução da razão (do absoluto), a chave do devir e a condição humana. **Revista Semina: Ciências Sociais e Humanas / UEL [Londrina, PR]**, v. 33, n. 2, p. 147-162, 2012.

MARIANO DA ROSA, L. C. Os ídolos da caverna e a sociedade contemporânea: do narcisismo

biopsicocultural. **Revista Filosofia Capital - RFC [Brasília-DF]**, v. 6, n. 13, p. 77-85, 2011 [*Miscelânea Filosófica em um Contexto Existencial*].

MARIANO DA ROSA, L. C. Da "revolução copernicana" (do verdadeiro "idealismo transcendental"). **Revista Intuitio / Programa de Pós-Graduação em Filosofia da PUC-RS [Porto Alegre, RS]**, v. 4, n. 1, p. 117-133, 2011.

MARIANO DA ROSA, L. C. Da "revolução copernicana" (do verdadeiro "idealismo transcendental"). **Revista Opinião Filosófica [Porto Alegre, RS]**, v. 2, n. 2, p. 34-51, 2011 [*Kant: Política e Epistemologia*].

MARIANO DA ROSA, L. C. A vela e o caminho (da construção coletiva do saber). **Revista Teias / Programa de Pós-Graduação em Educação – ProPEd / UERJ [Rio de Janeiro, RJ]**, v. 12, n. 25, p. 238-258, mai./ago. 2011 [*Ética, Saberes & Escola*].

MARIANO DA ROSA, L. C. Popper e a objetividade do conhecimento científico: a ciência provisória e a verdade temporária. **Cognitio-Estudos: Revista Eletrônica de Filosofia - Philosophy Eletronic Journal / Centro de Estudos de Pragmatismo / PUC-SP [São Paulo, SP]**, v. 8, n. 1, p. 17-28, jan./jun. 2011.

MARIANO DA ROSA, L. C. Do mistério do ser - entre o pensador e o poeta [do *da-sein*]. **Poros – Revista de Filosofia / Faculdade Católica de Uberlândia [Uberlândia, MG]**, v. 3, n. 5, p. 1-21, 2011.

ROSA, L. C. M. Do mistério do ser - entre o pensador e o poeta [do *da-sein*]. **Revista Filosófica São Boaventura / Fae – Centro Universitário / Instituto de Filosofia São Boaventura [Curitiba, PR]** v. 4, n. 2, p. 77-100, jul./dez. 2011.

MARIANO DA ROSA, L. C. Da educação: do jogo sociocultural e a inter-relação envolvendo *modus vivendi* e *modus essendi*. **Acta Scientiarum.**

Education / UEM [Maringá, PR], v. 33, n. 2, p. 211-218, July-Dec./2011 [História da Educação].

MARIANO DA ROSA, L. C. Da educação: do jogo sociocultural e a inter-relação envolvendo *modus vivendi* e *modus essendi*. **Múltiplas Leituras / Faculdade de Humanidades e Direito – UMESP [São Paulo, SP]**, v. 4, n. 2, p. 9-23, 2011 [*Dossiê: Violência e Educação*].

ROSA, L. C. M. A teoria analítica da ciência e a dialética aristotélica. **Revista Seara Filosófica / UFPel [Pelotas, RS]**, v. 4, p. 91-119, 2011.

MARIANO DA ROSA, L. C. Do "vir-a-ser" nietzschiano [Do "instinto natural filosófico"]. **Revista Partes [São Paulo, SP]**, v. 11, p. 1, 2011 [*Cultura*].

DA ROSA, L. C. M. Os ídolos da caverna e a sociedade contemporânea: do narcisismo biopsicocultural. **Cadernos Zygmunt Bauman / UFMA [São Luís, MA]**, v. 1, n. 2, p. 71-80, Jul. 2011 [*Ética, moral e pós-modernidade*].

DA ROSA, L. C. M. Da essencialização da realidade. **Revista Filosofia Capital – RFC [Brasília-DF]**, v. 4, n. 8, p. 46-57, 2009 [*A Condição Humana em Processo de Mutação*].

DA ROSA, L. C. M. Niilismo pós-orgíaco. **Revista Filosofia Capital – RFC [Brasília-DF]**, v. 4, p. 59-76, 2009 [*Edição Especial: A Vida é Inevitavelmente Agora!*].

DA ROSA, L. C. M. Autoformação (do "homem completo"). **Revista Filosofia Capital - RFC [Brasília-DF]**, v. 4, n. 9, p. 20-35, 2009 [*A Presença da Filosofia no Fazer Humano!*].

MARIANO DA ROSA, L. C. Autoformação (do "homem completo"). **Revista Entreideias: educação, cultura e sociedade / FACED – UFBA [Salvador, BA]**, v. 14, p. 87-103, 2008.

WEBSITES & SOCIAL LINKS DO AUTOR

CNPq [Luiz Carlos Mariano da Rosa]:

http://lattes.cnpq.br/0084141477309738

ORCID [Luiz Carlos Mariano Da Rosa]:

http://orcid.org/0000-0001-7649-2804

ResearchGate [Luiz Carlos Mariano Da Rosa]:

http://www.researchgate.net/profile/Mariano_Luiz_Carlos

Semantic Scholar/Profile 1 [Luiz Carlos Mariano da Rosa]:

https://www.semanticscholar.org/author/Luiz-Carlos-Mariano-da-Rosa/145051332?sort=influence&fbclid=IwAR2B2G-5PtDDY-iO4_WxRjgzKonySDta7YZ75M3QILBdarhUXDDIIGuYf9I

Semantic Scholar/Profile 2 [Luiz Carlos Mariano da Rosa]:

https://www.semanticscholar.org/author/Luiz-Carlos-Mariano-da-Rosa/134330005?sort=influence&fbclid=IwAR0726 8G-nB8AXcSzOWA7Q3I6lOkoOvlsJYZBAJU5F5UxTR3 S2SxQO9f-Kc

Publons [Luiz Carlos Mariano da Rosa]:

https://publons.com/researcher/1911395/luiz-carlos-mariano-da-rosa/

PhilPapers [Luiz Carlos Mariano da Rosa]:

https://philpeople.org/profiles/luiz-carlos-mariano-da-rosa

REDIB - Red Iberoamericana de Innovación y Conocimiento Científico [Luiz Carlos Mariano da Rosa]:

https://redib.org/Search/Results?type=Author&lookfor=%22luiz+carlos+mariano+da+rosa%22&limit=20

Acta Académica [Luiz Carlos Mariano Da Rosa]:

https://www.aacademica.org/marianodarosa.luizcarlos

Academia.edu [Mariano Da Rosa (Luiz Carlos)]:

http://ucam-br.academia.edu/MarianoDaRosaLuizCarlos

Google Acadêmico/Google Scholar [Luiz Carlos Mariano da Rosa]:

https://scholar.google.com/citations?hl=pt-PT&user=IwvxyawAAAAJ

WorldCat [Luiz Carlos Mariano da Rosa]:

https://www.worldcat.org/search?q=luiz+carlos+mariano+da+rosa&fq=ap%3A%22mariano+da+rosa+luiz+carlos%22&dblist=638&start=1&qt=page_number_link

Globethics.net [Luiz Carlos Mariano da Rosa]:

https://repository.globethics.net/discover?scope=%2F&query=%22luiz+carlos+mariano+da+rosa%22&submit=&rpp=10&view=list

Google Books [Luiz Carlos Mariano Da Rosa]:

https://www.google.com.br/search?q=inauthor:%22Luiz+Carlos+Mariano+Da+Rosa%22&hl=pt-BR&tbm=bks&sxsrf=ALeKk026VWNSO-SmmG2pw0YFLRt1ohsbAw:1615235446539&ei=dolGYLO7IOOy5OUPuNqNoAI&start=0&sa=N&ved=0ahUKEwizzpP4xKHvAhVjGbkGHThtAyQ4ChDy0wMIRw&biw=1536&bih=775&dpr=1.25

Escritores.org [Luiz Carlos Mariano da Rosa]:

http://www.escritores.org/libros/index.php/item/luiz-carlos-mariano-da-rosa

Blog Prof. Mariano Da Rosa Educação, Filosofia e Teologia [Mariano Da Rosa, Luiz Carlos]:

https://professormarianodarosa.blogspot.com/

Abraão e a fé como princípio do *novo ser* e do *novo modo de existência*
Luiz Carlos Mariano da Rosa

Abraão e a fé como princípio do *novo ser* e do *novo modo de existência*
Luiz Carlos Mariano da Rosa

www.ingramcontent.com/pod-product-compliance
Lightning Source LLC
Chambersburg PA
CBHW051521230426
43668CB00012B/1689